Prescrições para o Autodesassédio

Maximiliano Haymann

Prescrições para o Autodesassédio

EDITARES

Foz do Iguaçu, PR – BR
2016

1ª Reimpressão – Tiragem regular de 1000 exemplares.

Capa: Francieli Padilha.
Revisão de conteúdo: Ivelise Vicenzi, João Paulo Costa e Sandra Tornieri.
Revisão da língua portuguesa: Erotides Louly, Helena Alves Araújo, Eucárdio Derroso
Revisão final: Kao Pei Ru
Diagramação: Epígrafe Editorial.
Impressão: Gráfica Infante.

Dados Internacionais de Catalogação na Publicação (CIP)

H422p Haymann, Maximiliano

Prescrições para o autodesassédio. / Maximiliano Haymann. -- Foz do Iguaçu : Editares, 2016.

216 p. ; il.

Inclui bibliografia.
ISBN 978-85-8477-042-7

1. Conscienciologia. 2. Autodesassediologia. 3. Autodesenvolvimento parapsíquico. I. Título.

CDU 133

Tatiana Lopes CRB 9/1524

EDITARES

Associação Internacional Editares
Av. Felipe Wandscheer, 6.200, sala 107, Cognópolis
Foz do Iguaçu, PR - Brasil - CEP: 85856-530
Tel/Fax: 45 2102 1407
E-mail: vendas@editares.org *Website:* www.editares.org.br

Dedicatória

Àquelas consciências, atuais e futuras intermissivistas,
empenhadas na reciclagem intraconsciencial
pelo autodesassédio e em qualificarem a própria
assistencialidade por meio das técnicas de desassédio
interconsciencial.

O Autor
Foz do Iguaçu, PR, Brasil,
07 de julho de 2015.

Agradecimentos

O autor não produz seu livro inteiramente só, recebe ajuda de colaboradores diretos, participantes ativos na obtenção e burilamento das ideias, a exemplo de editores e revisores, sendo, não raro, influenciado também pelos exemplos positivos, ou mesmo, pelos antiexemplos, observados nos contatos interpessoais cotidianos.

Os escritores conscienciólogos valorizam também a colaboração da equipe extrafísica atuante nas diversas etapas da materialização das suas gestações conscienciais, percebida por intermédio de inspirações e vivências de fenômenos parapsíquicos. A tais consciências, amparadoras extrafísicas, constantemente presentes ao longo da redação deste livro, manifesto meus sinceros agradecimentos.

Definir a temática do livro nem sempre é tarefa trivial, pois ao escolher algum assunto, o autor estará descartando, no momento, inúmeros outros tão interessantes quanto a opção selecionada, bem como definindo o megafoco do próprio universo intelectual e experiencial por longo tempo à frente, por vezes, transpassando o período de uma vida humana.

O *princípio dos fatos orientarem as pesquisas* ajuda sobremaneira na resolução deste tipo de dilema. No caso da escolha do tema deste livro, foi essencial para o meu posicionamento a experiência com o curso *Teoria e Prática do Autodesassédio,* criado a partir da sugestão do amigo Frederico Ganem que, no final de 2011, instigou-me a elaborar um curso de aprofundamento nas práticas parapsíquicas, para ser lecionado no *Instituto Internacional de Projeciologia e Conscienciologia* (IIPC).

Entre os anos de 2012 e 2015, 297 alunos participaram do curso, o qual foi realizado em 11 turmas nos Centros Educacionais de Autopesquisa (CEAs) do IIPC, em cidades de norte a sul do Brasil. Tal experiência permitiu-me aprofundar um pouco mais a pesquisa dos autoassédios, seus mecanismos e variações, bem como experimentar, em grupo, técnicas de autodesassédio diversas.

O autodesassédio é daqueles temas conscienciológicos sobre o qual escrever demanda do autor algum nível de vivência de reciclagem intraconsciencial, caso contrário o texto fica estéril, inconsistente e sem energia. Felizmente, o período da escrita deste livro foi de crise de crescimento e particularmente rico em autorreciclagens e autodesassédios.

O apoio contínuo de Ellen Quintela, querida parceira evolutiva e consciencioterapeuta experiente nas práticas do desassédio, foi fundamental para as referidas autossuperações. Além disso, também foram de grande valor nossos debates sobre os temas aqui apresentados e a sua disponibilidade para, pacientemente, ler e criticar boa parte deste livro à varejo, conforme as primeiras versões dos textos eram finalizadas, sempre me incentivando.

A análise de temática com a técnica do detalhismo analítico da Enciclopédia da Conscienciologia conduz à inevitável expansão cognitiva do verbetógrafo e, consequentemente do leitor, sobre o assunto escolhido. Tendo este fato em vista, ao longo da elaboração desta obra, selecionei alguns temas importantes da *Desassediologia* e os desenvolvi na forma de verbetes.

Neste processo gostaria de registrar o auxílio da equipe da *Encyclossapiens* – instituição conscienciocêntrica responsável pelo desenvolvimento da Enciclopédia da Conscienciologia –, e também dos tertulianos e teletertulianos, que com seus questionamentos, frequentemente, conduzem o verbetógrafo à maiores reflexões sobre os temas apresentados.

Agradeço também as sugestões dos revisores da publicação técnico-científica da *Organização Internacional de Consciencioterapia* (OIC), hoje denominada *Revista Conscientiotherapia,* onde tive a oportunidade de publicar um artigo sobre o tema autoassédio, trabalho importante para a consolidação da primeira seção desta obra.

Os revisores da primeira versão desta gestação consciencial foram os amigos João Paulo Costa e Ivelise Vicenzi, a quem pedi para me ajudarem não só pela amizade e confiança, mas sobretudo, pelo senso crítico apurado, detalhismo técnico e compreensão invulgar da Conscienciologia.

Quero ainda registrar aqui os sinceros agradecimentos a toda equipe da Editares, em particular aos revisores Sandra Tornieri, Eucárdio Derroso, Erotides Louly e Helena Araujo e à capista Francieli Padilha. Estendo também os agradecimentos à toda equipe da Epígrafe Editorial, responsável pela editoração do livro.

Sumário

SEÇÃO III

AUTODEFESA INTERCONSCIENCIAL

SEÇÃO IV

AUTODESENVOLVIMENTO PARAPSÍQUICO

Périplo Autodesassediador

Evolução. Não estamos sós; em nosso périplo existencial evoluímos em conjunto com multidões de consciências, desde as mais sábias, superlúcidas e interassistenciais, até os princípios conscienciais simples e ignorantes.

Ecossistema. O corpo humano funciona como microbioma onde coabitam, em mutualismo e interdependência à consciência intrafísica, cerca de 100 trilhões de bactérias, participando de diferentes processos de manutenção da homeostase de órgãos e sistemas, inclusive atuando na defesa somática contra agentes externos. *As bactérias são nossas primeiras amparadoras.*

Instintividade. Todavia, a coexistência interconsciencial harmônica não é a norma evolutiva entre os seres viventes da intrafisicalidade, os instintos básicos os impulsionam a se manterem vivos e proliferarem, mesmo que, para isso, tenham que destruir outros organismos.

Microassediadores. Quando o ser humano está vulnerável, seja física ou energeticamente, as mesmas bactérias essenciais para a manutenção da homeostase somática, podem causar desequilíbrios orgânicos e doenças infecciosas, agindo ao modo de microassediadores invisíveis.

Autodefesa. Os microrganismos, nesse caso, atuam ao modo de assediadores inconscientes, mas capazes de causar dano real, inclusive findar, prematuramente, a programação existencial da conscin, a quem, por sua vez, cabe a responsabilidade de manter as defesas do próprio corpo físico, começando por atender às demandas da fisiologia e pensenizar de modo sadio.

Bactericídio. Também nós, quando na condição intrafísica, não temos como evitar matar milhões de bactérias a cada deglutição de saliva, nem hesitamos em ingerir o antibiótico para destruir os microrganismos agressores dos nossos invólucros físicos. *Somos bactericidas.*

Analogia. Os ataques perpetrados pelos microrganismos são capazes de gerar efeitos análogos ao autoassédio, quando, por exemplo, o vírus muito agressivo mata o hospedeiro rapidamente, inibindo a transmissão da doença para outros organismos.

Interassedialidade. Animais superiores, a exemplo dos carnívoros, estão inteiramente subordinados a mecanismos heterodestruidores ainda indispensáveis à sobrevivência; precisam caçar e matar outras espécies constantemente para se manterem vivos.

Paradoxologia. Por meio desse sistema paradoxal mas superinteligente, ora na condição de presa, ora na de predador, vamos aprendendo a nos defender das abordagens prejudiciais vindas dos demais seres com os quais dividimos este Universo multidimensional.

Megapredador. O predador mais perigoso do Planeta não é aquele situado no topo da cadeia alimentar, mas sim o mega-assediador completamente cônscio quanto aos danos causados pelas próprias manifestações, porém focado egoisticamente em perseguir, dominar, manipular ou procurar tirar qualquer tipo de vantagem indevida sobre as outras consciências.

Agravante. O mega-assediador perpetra o pior tipo de assédio interconsciencial, sem atenuantes, justamente por já estar em nível evolutivo no qual tem a opção de não mais praticá-lo.

Aceitação. Na vida humana, ninguém está livre das investidas heteroassediadoras, mas o assédio interconsciencial somente se assenta a partir da aceitação da intrusão energética externa, seja do vampiro energético, inconsciente, ou daquela pessoa ou consciex mal-intencionada.

Profilaxia. O ideal é agir profilaticamente e quando necessário se colocar lucidamente em condição autoprotetora perante as energias conscienciais e pensenizações negativas, intrusivas ou patológicas de quaisquer seres conscientes ou inconscientes.

Autodesassédio. Porém, quando a intrusão energética já é fato consumado, a melhor conduta terapêutica é a aplicação do máximo empenho, colocando o megafoco no autodesassédio imediato, a começar pela instalação do estado vibracional (EV).

Realização. O autodesassédio sempre pode ser realizado pela vontade da própria conscin interessada, podendo também ser auxiliado por técnicos desassediadores assistenciais, ao modo de conscienciot erapeutas e epicentros conscienciais.

Vulnerabilidade. A dificuldade ou a incapacidade de se defender perante as energias negativas extraconscienciais denota a existência de alguma vulnerabilidade pessoal; por aí se identificam os autoassédios.

Consentimento. A autoassedialidade é essencialmente autovitimizadora, pois devido à afinização pensênica patológica, a conscin assediada dá consentimento tácito à influenciação espúria de outras consciências. *Os pensenes afins se atraem e atraem os afins.*

Ignorância. A pessoa bem-intencionada, mas inexperiente ou desconhecedora dos *princípios básicos da evolução,* pode atuar como sendo assediadora sem o saber. Tem atenuantes ao errar por ignorância, pelo fato de o erro ser ínsito a qualquer tipo de progresso, e por ser pelo aprendizado com os próprios erros que diminuímos a ignorância pessoal quanto a nós mesmos e quanto ao Cosmos.

Minimização. No entanto, a ignorância não deve ser minimizada, pois desconhecer os males causados a si mesmo pelos autoassédios ou quão nocivo eles podem ser às nossas companhias evolutivas, não os eliminam. *A autorreflexão sobre a Evoluciologia é o primeiro antídoto para os problemas causados pela ignorância evolutiva.*

Teimosia. As parapatologias conscienciais mais graves surgem quando, a despeito das evidências da necessidade de mudança fornecidas pelos fatos e parafatos, a pessoa persiste no errado, por vezes, agindo e se posicionando de modo francamente contrário à evolução consciencial.

Autoassediador. A consciência mais autoassediada é o próprio assediador, pois o mal, dano, ou prejuízo causado por ele aos outros, mais cedo o mais tarde, retornará, conforme as diretrizes da *lei de causa e efeito. Todo assediador carece de Inteligência Evolutiva (IE).*

Autocura. A verdadeira autocura, ou o autodesassédio definitivo somente ocorrerá pela remissão das vulnerabilidades emocionais, intelectuais e energéticas, ou seja, por intermédio da autoconsciencioterapia dos autoassédios, raiz principal de todo tipo de assédio que envolve a consciência.

Autodefesa. A autodesassedialidade é o estado ou condição avançada da conscin desassediada permanente, que envolve não somente a autodefesa energética ininterrupta, mas, conforme é ressaltado no verbete de mesmo nome da *Enciclopédia da Conscienciologia* (Vieira, 2013), exige a "vivência teática da tática, estratégia e logística da autodefesa interconsciencial, intra e extraconsciencial, intra e extrafísica, de modo multidimensional, da manutenção do equilíbrio pessoal, íntimo, pleno, o tempo todo".

Eliminação. A maior iniciativa em prol da autodefesa intraconsciencial a qual se pode dedicar prioritariamente é identificar e buscar, obstinadamente, eliminar quaisquer autoassédios da manifestação.

Diagnosticologia. Esta necessidade evolutiva de discernimento dos autoassédios é o megafoco dos capítulos apresentados na primeira seção do livro – *Diagnóstico dos Autoassédios* – a qual também aborda a investigação e a elucidação dos mecanismos propulsores dos patopensenes, propiciando, dessa forma, elementos para o auto e heterodiagnóstico das manifestações parapatológicas conscienciais.

Autorreciclagem. A conquista da autodesassedialidade demanda a renovação cosmoética nas mais diversas áreas de manifestação, desde aquelas centradas no âmago da intraconsciencialidade, passando pelas múltiplas relações interconscienciais até quando a consciência emprega os atributos extracerebrais.

Receituário. Na segunda seção deste texto, – *Autodesassédio Intraconsciencial* –, com 13 capítulos, são propostas neocondutas, reperspectivações e reciclagens íntimas essenciais para o funcionamento emocional e mentalsomático homeostático, livre de assédios.

Interconsciencologia. Na Seção 3 – *Autodefesa Interconsciencial* – os temas abordados nos 7 capítulos destinam-se a trazer neoideias e neoabordagens teáticas para a qualificação das manifestações autodefensivas tendo em vista a convivialidade com as demais conscins, consciexes e realidades extraconscienciais.

Extrafisicologia. Considerando a realidade muldimensional onipresente é muito difícil alcançar maiores desempenhos autodefensivos sem a vivência teática da Parapercepciologia, sobretudo ao intentar dedicar-se à interassistencialidade e no desassédio das consciências necessitadas, rumo indispensável a tomar para quem está interessado na autoevolução.

Publicadas. Felizmente, já podemos encontrar na literatura conscienciológica a descrição detalhada das técnicas fundamentais para o autodesassédio, ao modo da *técnica do estado vibracional*, entre muitas outras, tornando dispensável apresentá-las novamente aqui (V. Viera, 2010).

Jejunos. Nas primeiras etapas do autodesenvolvimento parapsíquico, determinadas experiências são inevitáveis: alguns devem se esforçar para superar a condição de insensibilidade parapsíquica, típica da conscin *casca-grossa*, outros para suplantar a autovitimização causada pelo próprio parapsiquismo, ignorado ou destrambelhado.

Tecnicidade. Para chegar no estado de autodesassédio mais permanente, é preciso levar a sério as autoparapercepções e passar a viver a própria vida, ininterruptamente, de modo técnico e organizado.

Paratecnicidade. Portanto, na quarta e última seção, denominada *Autodesenvolvimento Parapsíquico*, são apresentados 9 exemplos de procedimentos paratécnicos, invulgares e indispensáveis ao cotidiano de quem realmente está predisposto a se manter autodesassediado. *Autodesassédio é automutação.*

Expectativa. Importa ressaltar que nas próximas páginas o leitor ou a leitora encontrará temas selecionados da Autodesassediologia, não havendo a menor pretensão de exaurir o vasto campo teórico e prático desta especialidade conscienciológica, empreitada, no ponto de vista deste autor, enciclopédica.

Dedicatória. Dedico esta modesta contribuição ideativa, já com alguma fundamentação teática, especialmente às leitoras e leitores interessados na conquista e na manutenção da autodesassedialidade interassistencial.

Seção I

Diagnóstico dos Autoassédios

Capítulo 01

Autoassedialidade: Doença Consciencial

Definição. Segundo Vieira (2013), "o autoassédio é a condição ou estado da conscin emocional, intelectual e energeticamente predisposta a se molestar autopensenicamente, com insistência importuna e patológica sobre si mesma, sem qualquer Higiene Consciencial nem autodisciplina ideativa, constituindo o embasamento para todo tipo de heteroassédio".

Sinonimologia: 01. Autoassedialidade. 02. Autopensenidade doentia. 03. Autoassediopatia. 04. Auto-obcecação. 05. Auto-obsessão. 06. Autossabotagem. 07. Autoboicote. 08. Autotapeação. 09. Antidiscernimento. 10. Megassujismundismo.

Antonimologia: 1. Autodesassédio. 2. Heteroassédio. 3. Heteroassedialidade; intrusão pensênica doentia. 4. Heteroassediopatia. 5. Hetero-obcecação. 6. Autodiscernimento cosmoético. 7. Heteroassediologia.

Nosografia. O autoassédio é o grande travão da evolução da Humanidade; é a enfermidade presente na essência dos distúrbios holossomáticos de bilhões de consciências do Planeta.

Emoções. Pela ótica da *Psicossomatologia,* a manifestação mais comum do autoassédio surge quando a pensenidade é dominada pelas emoções, a exemplo das reações impulsivas típicas após frustrações ou de estados afetivos negativos mais duradouros, a exemplo da angústia, melancolia, ansiedade ou irritabilidade.

Carência. As carências multímodas também são autopredisposições assediadoras. No estado de carência afetivo-sexual, por exemplo, a conscin tende a criar fantasias eróticas (sexopensenidade), tornando-se polo atrator de consciexes energívoras devido às evocações.

Acidentologia. Autoassédios podem ser cronicificados, causadores de estigmas em vidas sucessivas, como acontece com as conscins reurbanizadas (consréus) já renascendo predispostas a sofrerem acidentes de percurso parapsíquicos (*accident proneness*) devido ao lamentável estado de descompensação energossomática no qual se encontram (Vieira, 2004).

Intelectual. Tendo em vista a *Mentalsomatologia,* a aplicação dos atributos conscienciais de modo truncado, distorcido, irrefletido ou anticosmoético também é autoassédio, contudo da modalidade mentalsomática.

Taxologia. Pelos critérios da *Autoassediologia,* eis, por exemplo, na ordem alfanumérica, 6 categorias de autoassédios mentaissomáticos, classificados em função do atributo consciencial predominantemente mal aplicado:

1. **Autoassédio atencional** (atenção): a distração causando miniacidentes e esquecimentos de objetos pessoais por onde passa.
2. **Autoassédio cognitivo** (intelectualidade): a convicção, sem fundamentação lógica, de saber o pensamento ou a intenção de outra pessoa (leitura mental).
3. **Autoassédio imagístico** (imaginação): a criatividade baratrosférica do inventor de artefatos bélicos.
4. **Autoassédio intencional** (autointencionalidade): a análise tendenciosa dos fatos para obter vantagens.
5. **Autoassédio mnemônico** (memória): o da conscin hipomnésica, insegura quanto à automemória.
6. **Autoassédio paraperceptivo** (autoparapsiquismo): a adulteração da pararrealidade para adequá-la às crendices pessoais.

Lavagem. Desse modo se criam e se sustentam as crenças, religiosas ou não, e as consequentes lavagens cerebrais, fixadoras das consciências nas ilusões infantis quanto à evolutividade. *A rigor, não existe crença funcional.*

Comprovação. Os dogmas fundamentadores das milhares de religiões e os inúmeros costumes socioculturais bárbaros de bases baratrosféricas ainda existentes na Socin patológica deste início de Século XXI comprovam que a racionalidade ainda está longe de prevalecer na manifestação do homem, em geral.

Interprisiologia. Eis, na ordem alfanumérica, 10 exemplos, entre milhares possíveis, de consequências sociais lamentáveis de autoassédios grupais assentados na irracionalidade autopensênica:

01. **Bovinolatria.** A sacralização das vacas e até de seus excrementos, milenarmente promovida na Índia pelos adeptos do Hinduísmo. Não há

argumento racional capaz de justificar a divinização de bovinos (V. **Moreira,** Fernando; ***Cresce procura por Terapia com Urina de Vaca na Índia;*** *O Globo;* Rio de Janeiro, RJ; 18.02.13).

02. **Burca.** A obrigatoriedade, em alguns países islâmicos, de a mulher usar o xador em locais públicos, ou mesmo a burca, acessório destinado a cobrir todo o corpo, inclusive a face, somente permitindo à mulher enxergar através de pequena tela disposta em frente aos olhos (V. **Eluf,** Luiza Nagib; ***Não há Democracia com Burca;*** *Folha de São Paulo;* São Paulo, SP; 27.03.11).

03. **Celibato.** A proibição da prática sexual fisiológica aos representantes religiosos, homens e mulheres, da *Igreja Católica Apostólica Romana* (ICAR), sem a mínima coerência, afundada em escândalos de pedofilia (V. **Barela,** José Eduardo *et al.;* ***Uma Mancha no Coração da Igreja;*** *Veja;* São Paulo, SP; 24.04.02).

04. **Estupro.** O *lobby* da bancada evangélica no *Congresso Nacional Brasileiro* (Ano-base: 2013) para impedir o direito da mulher violentada sexualmente interromper a gravidez, perpetuando as marcas das violências física e emocional sofridas, notadamente naquelas sem estrutura emocional para lidar com a situação. Não se importam com o direito de recomposição da vida da verdadeira vítima, a mulher estuprada (V. **Costa,** Silvio; ***Dilma Sanciona sem Vetos Lei de Vítimas Sexuais;*** *Congresso em foco: Jornalismo para Mudar;* São Paulo, SP; 01.08.13).

05. **Homem-bomba.** A apologia à martirização do louco suicida, explodindo a si mesmo, a fim de extinguir a vida de dezenas de pretensos inimigos. Ato hediondo comemorado em praça pública, até pelas mães dos homens-bomba agressores (V. **Marcus,** Itamar; **Zilberdik,** Jacques; ***Palestinian Mother celebrates her Son's Death: "This is the First Time I see Joy in my Heart";*** *Palestinian Media Watch;* Israel; 21.09.14).

06. **Homofobia.** A agressão autorizada aos homossexuais, incentivada e promovida pelos Estados. Em 2013, a homossexualidade era criminalizada em 78 países e em 5 deles poderia resultar em pena de morte (V. **Melo,** Débora; ***Prática Homossexual ainda é Crime em 78 Países; Cinco deles aplicam Pena de Morte;*** São Paulo, SP; 17.05.13).

07. **Infibulacão.** O ritual sádico da mutilação genital feminina, pela amputação do clitóris de modo a impedir o prazer sexual da mulher, costume ainda presente em 29 países (V. **United Nations Children's Fund;** ***Female Genital Mutilation/Cutting: A statistical overview and exploration of the dynamics of change;*** UNICEF; New York; 2013).

08. **Pedofilia.** A prática da pedofilia socialmente aceita, por exemplo, por meio de casamentos arranjados entre meninas púberes e homens adultos, ocorrência comum em diversos países (V. **Folha de S. Paulo**; ***Casamento de Crianças persiste na Índia;*** São Paulo, SP; 04.06.05).

09. **Pena capital.** A aprovação da população da pena de morte, prática medievalesca comum em diversos países, inclusive nos Estados Unidos da América (EUA), considerada a maior democracia do planeta, mas onde 63% da população aprova tal forma de punição (V. **Kauffmann,** Sylvie **Brasil;** ***Análise: Cresce Rejeição à Pena de Morte nos EUA;*** São Paulo, SP; 11.11.14).

10. **Transfusão sanguínea.** A proibição religiosa à transfusão sanguínea, mesmo para salvar a vida do devoto ou de seus familiares (V. **Lima,** Luana; ***Recém-nascido morre no HGF após Avó recusar Transfusão de Sangue;*** Diário do Nordeste; Fortaleza, CE; 23.12.13).

Ciência. Mesmo grandes cientistas, nobelistas e gênios da humanidade considerados os exemplos universais de mentes racionais, com frequência aplicam a lógica somente nas atividades referentes ao próprio campo de pesquisa.

Físico. Albert Einstein (1879–1955), por exemplo, considerado o maior gênio da Física Teórica, teve vida emocional conturbada, entre conflitos com a primeira esposa e o abandono dos filhos.

Ineficácia. A racionalidade assentada apenas na lógica intrafísica é parcial e incompleta; ineficaz para libertar a conscin da assedialidade.

Paralógica. A autopensenização racional integral, evolutiva, é fundamentada na paralógica ou na lógica multidimensional, na Holossomática, na interassistencialidade e no policarma.

Autolucidez. Ela demanda a autocognição quanto às realidades e pararrealidades de si mesma e do Cosmos, sendo alcançada somente pela compreensão teática dos *princípios da Evoluciologia.*

Afloramento. Tal entendimento do *modus operandi* do maximecanismo interassistencial multidimensional, mesmo quando ainda iniciante e limitado, significa o afloramento da Inteligência Evolutiva (IE) no microuniverso intraconsciencial.

Autoavaliação. Ao atingir esse estágio, a consciência passa a ver a si mesma de modo mais realista, descobrindo as sutilezas da automanifestação, discernindo as características pessoais favoráveis à evolução e se empenhando em eliminar os autoassédios quando ainda presentes.

Conscienciotерapia. Na Socin existem milhares de terapias, mas a verdadeira terapêutica consciencial definitiva é o autodesassédio pela eliminação das irracionalidades da autopensenização, por intermédio da autorreflexão, colocando a lógica, ou melhor, a paralógica, continuamente, em qualquer manifestação autopensênica.

Capítulo 02

Autoassédio Latente

Latência. O autoassédio é uma predisposição intraconsciencial, portanto, não é manifesto a todo momento, permanecendo em estado latente no holopensene pessoal.

Relativização. Apesar de não ser observável, em dado momento, na autopensenidade, no autocomportamento ou nas reações pessoais, o autoassédio sempre transparece nas energias conscienciais, principalmente para o bom observador parapsiquista.

Ativação. O autoassédio é ativado por fatores indutores específicos para cada pessoa. Normalmente surge a partir do contato com outras conscins ou consciexes ou devido a determinado viés adotado na autopensenização.

Constituição. Conjuntos de conceitos, ideias deturpadas, incoerentes ou mal estruturadas do indivíduo compõem considerável parte das predisposições autoassediadoras.

Conceitos. Os conceitos são os instrumentos fundamentais do pensamento, pois são os componentes primários da matriz cognitiva de cada conscin.

Matriz. A matriz cognitiva é a estrutura ideativa responsável pelo processamento das experiências pessoais, possibilitando a descrição e classificação das realidades intrafísicas, extrafísicas, intraconscienciais e extraconscienciais.

Significação. Os conjuntos de conceitos constituem a autocognição, funcionando ao modo de premissas para o raciocínio, definindo a forma como se interpreta e, consequentemente, se dá significado às vivências pessoais.

Apriorismose. Quando o raciocínio, mesmo aquele com encadeamento lógico, é fundamentado em premissas ou conceitos falsos ou inverificáveis, a exemplo de dogmas e princípios indiscutíveis, tende a resultar em conclusões igualmente falsas ou duvidosas (*falsis principiis proficisci*).

Diferencial. Crenças são conceitos assumidos de antemão como certos e verdadeiros, diferentes das verdades relativas de ponta (verpons), consideradas como verdades provisórias e somente após a autocomprovação pela experimentação pessoal. *A autoexperimentação parapsíquica destrói crenças e as substituem pela holomaturidade.*

Restringimento. Crenças restringem a elaboração mentalsomática, estando na raiz de autoassédios e, consequentemente, de heteroassédios múltiplos. Elas impedem e dificultam a reciclagem intraconsciencial, pois as experiências em desacordo com o arcabouço ideativo dogmático tendem a ser desconsideradas ou interpretadas de modo distorcido, a fim de manter tudo como está.

Autoconceitos. As pessoas também formam cognições antievolutivas a respeito de si mesmas, ao modo de concepções irreais de incompetência ou de não serem dignas de receber afeto.

Taxologia. Sob a ótica da *Intraconscienciologia,* as autopredisposições patológicas variam bastante entre si nas suas características e formas de manifestação. Eis, na ordem alfanumérica, exemplificações de 11 categorias de autoassédios latentes com os temas correlatos:

01. **Acriticismo.**

Definição. "O *acriticismo* é a postura sem avaliação, exame, investigação, juízo acurado ou auto e heterocrítica a respeito dos fatos sob análise, sem base em juízo de valor e senso crítico." (Vieira, 2013).

Exemplos: a tendência de aceitar como verdadeira qualquer notícia dos meios de comunicação; admitir de antemão como sendo verdadeiro o conteúdo do discurso do político ou do líder religioso carismático.

Temas correlatos: apriorismose; alienação; ignorantismo.

02. **Autoconceito deturpado.**

Definição. O *autoconceito deturpado* é a concepção e avaliação errada da pessoa sobre si mesma, seja a respeito de características físicas, psicológicas, qualidades e habilidades.

Exemplos: o autoconceito de superioridade; o autoconceito de inferioridade; o orgulho (fornece o diagnóstico quanto ao nível de desconhecimento da própria realidade evolutiva).

Tema correlato: autoinsegurança.

03. **Autoestima distorcida.**

Definição. A *autoestima distorcida* é o desvio patológico do grau com que as qualidades e características contidas no autoconceito são percebidas.

Exemplos: o desvalor pessoal; a ausência de autoestima; a autoestima exacerbada.

Temas correlatos: audesvalorização; autoengrandecimento.

04. **Crença.**

Definição. A *crença* é a aceitação da verdade, da validade de algo ou das ideias de alguém, sem fundamentação em fatos, parafatos e na autoexperimentação.

Exemplos: a admissão da existência do inferno; quem erra é incompetente; mostrar emoções é sinal de fraqueza; "não existe amizade verdadeira, todos têm algum interesse oculto"; "se algo pode dar errado, certamente isso ocorrerá" (*Lei de Murphy*).

Temas correlatos: conceitos errôneos; lavagens cerebrais.

05. **Distorção cognitiva.**

Definição. "A *distorção cognitiva* é o ato ou efeito de distorcer, deformar e alterar a forma ou outras características estruturais das ideias mal apreendidas e veiculadas, dentro do universo comunicativo da desinformação e da anticosmoética" (Vieira, 2013).

Exemplos: a leitura mental; a supergeneralização; a atenção seletiva para o negativo.

Temas correlatos: distorções parapsíquicas; distorções mnemônicas.

06. **Esquema mental disfuncional.**

Definição. O *esquema mental disfuncional* é o conjunto de pontos de vista ou suposições negativas que a pessoa tem de si mesma, dos outros ou do mundo, sendo persistente apesar das evidências contrárias.

Exemplos: os esquemas desadaptativos remotos; o esquema de privação emocional; o esquema de fracasso; o esquema de arrogo e grandiosidade (V. Young *et. al.;* 2003).

Temas correlatos: conjunto de conceitos; autoconceito deturpado; autoestima distorcida; lixo mnemônico.

07. **Intencionalidade anticosmoética.**

Definição. A *intencionalidade anticosmoética* é a qualidade do propósito, plano ou ideia quando contrária aos *princípios da Cosmoética.*

Exemplos: a intenção de levar vantagem em qualquer situação, independente do eventual prejuízo causado a outrem; a intenção de acobertar a realidade dos fatos ou parafatos em benefício pessoal.

Temas correlatos: amoralidade; imoralidade.

08. **Irracionalidade.**

Definição. A *irracionalidade* é a ausência de razão, lógica, clareza de ideias, pensamentos racionais ou condição contrária ou desprovida de lógica.

Exemplos: a persistência no erro; o ato de brigar contra os fatos.

Temas correlatos: ilogicidade; subcerebralidade; teimosia.

09. **Predileção baratrosférica.**

Definição. A *predileção baratrosférica* é a preferência ou a tendência de priorizar cognição, afeto e vivência de natureza doentia, anticosmoética.

Exemplos: a opção por viver na promiscuidade; o masoquismo; o gosto pelos esportes radicais.

Temas correlatos: inclinações negativas; instintividade; tendenciosidade anticosmoética.

10. **Valor antievolutivo.**

Definição. O *valor antievolutivo* é a importância dada à realidade consciencial, abstrata ou material, a qual, na prática, prejudica a própria evolução.

Exemplos: o valor do *status* social; o sobrevalor dado ao reconhecimento público; o valor excessivo dado ao dinheiro.

Temas correlatos: valor anacrônico; autodesvalorização.

11. **Vontade débil.**

Definição. A *vontade débil* é a falta de disposição para dirigir a autopensenização e empreender ação sobre as energias conscienciais para realizar algo, atingir seus fins ou desejos.

Exemplos: a falta de vontade para mobilizar as energias conscienciais autodefensivas; a falta de força de vontade para não comer em excesso.

Temas correlatos: acídia; preguiça; acrasia.

Substituição. A substituição das crenças pessoais por autoverpons exige a postura de valorizar a autoexperimentação em detrimento das ideias prontas e pré-estabelecidas (*princípio da descrença*), sendo necessário enfrentar, com abertismo e discernimento, as inevitáveis dissonâncias cognitivas advindas do contato com neoideias e neorrealidades.

Neoverpons. A inclusão de neoverpons no *corpus* de constructos intraconscienciais tem efeito autodesassediador, pois conforme demonstrado anteriormente, conceitos falsos e crenças são origens de autoassédios. Daí também advém a relevância da *tarefa do esclarecimento* (tares) como técnica desassediadora.

Pensatas. Considerando a *Parassociologia,* parte do conhecimento coletivo dos povos foi registrado nas pensatas ou parêmias por pensadores da História, muitas das quais positivas e pró-evolutivas, porém outras claramente patológicas e antievolutivas.

Anticultura. Certas parêmias representam verdadeiros autoassédios grupais, culturais e históricos, ao modo da recomendação egoística implícita no dito popular "quem dá o que tem, a pedir vem" – a *máxima da antifraternidade.*

Efeito. Ao incorporar tal expressão como verdade (crença), sem autorreflexão crítica, a *máxima patológica* se torna para a conscin espécie de princípio diretor da autopensenização antifraterna.

Ortopensatas. Em contrapartida, há muitas parêmias cosmoéticas, notadamente aquelas criadas pelos verdadeiros gênios da Humanidade, as quais vêm fazendo trabalho de esclarecimento milenar, infiltrando-se positivamente no ideário dos povos e culturas ao longo das gerações. *Não são necessárias muitas palavras: apenas que sejam eficientes, pois, à maneira de sementes, serão espalhadas* (Sêneca, 4 a.e.c.–65).

Autodesassédio. A leitura e, principalmente, a criação e registro de autopensatas cosmoéticas, conduzem a reflexões profundas, à formulação de neoconceitos avançados (neoverpons) sobre as realidades intra e extraconscienciais e, consequentemente, a reciclagem das ideias anacrônicas e patológicas atravancadoras da autoevolução.

Capítulo 03

Autoassédio Manifesto

Etapas. Quando instalado, o autoassédio manifesto pode não se restringir à pensenidade patológica e gerar efeitos também no comportamento da conscin autoassediada. Eis, a seguir, na ordem de ocorrência, a descrição sucinta das 4 etapas do processo de manifestação do autoassédio:

1. **Autoassédio latente:** a origem; a predisposição intraconsciencial patológica.
2. **Fator indutor:** a situação, o contexto ou o elemento desencadeador da patopensenidade; o fator estressor.
3. **Patopensenidade:** o pensene patológico em si.
4. **Conduta autoassediadora:** o comportamento ou ação contra si mesmo; a atividade reativa, consciente ou não.

Processo. Considerando a *Autoassediologia,* a pesquisa e identificação do autoassédio são favorecidas quando o fenômeno é analisado, tendo em vista, o processo de manifestação, conforme descrito na figura 1 (Haymann, 2014):

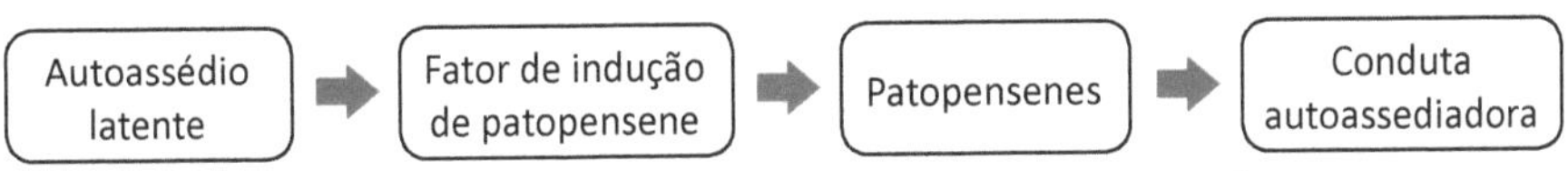

Figura 1 – Processo de manifestação do autoassédio.

Taxologia. Eis, na ordem alfanumérica, para análise e expansão da abordagem pesquisística sobre o tema, 40 possíveis modalidades do autoassédio, capazes de molestar a conscin pensenizadora:

01. **Autoassédio aceito:** o auto ou heterodiagnosticado.
02. **Autoassédio afinizador:** atrator das consciexes patológicas afins.
03. **Autoassédio agudo:** o crítico, o problema maior do momento evolutivo.
04. **Autoassédio alimentar:** do glutão; da pessoa excessivamente preocupada com a alimentação.

05. **Autoassédio clínico:** do evoluciente em tratamento.

06. **Autoassédio consciente:** da conscin autocorrupta.

07. **Autoassédio criptografado:** o insuspeito, só aparecendo em determinado contexto.

08. **Autoassédio cronicificado:** da consréu.

09. **Autoassédio desconhecido:** do pré-serenão vulgar.

10. **Autoassédio devastador:** do genocida.

11. **Autoassédio disfarçado:** o camuflado.

12. **Autoassédio emocional:** o mais comum.

13. **Autoassédio esporádico:** o infrequente; aquele em fase de remissão.

14. **Autoassédio financeiro:** o da conscin miserê ou gananciosa.

15. **Autoassédio grupal:** as crenças religiosas.

16. **Autoassédio ideológico:** a lavagem subcerebral.

17. **Autoassédio imagístico:** a imaginação indisciplinada.

18. **Autoassédio inconsciente:** da conscin acrítica.

19. **Autoassédio induzido:** da conscin *bucha de canhão* dc assediador.

20. **Autoassédio inescondível:** o indisfarçável, evidente para si e para os outros.

21. **Autoassédio interrompido:** da conscin lúcida quanto à própria condição.

22. **Autoassédio mapeado:** do conscienciômetra.

23. **Autoassédio mentalsomático:** a autoindulgência intelectual; a distorção cognitiva.

24. **Autoassédio minimizado:** da conscin displicente.

25. **Autoassédio mnemônico:** a retrocognição patológica persistente, desta ou de outras existências.

26. **Autoassédio negligenciado:** o deixado de lado; a banalização do autodiagnóstico.

27. **Autoassédio neurogênico:** as patossinapses.

28. **Autoassédio neutralizado:** da conscin autodesassediada.

29. **Autoassédio onipresente:** a raiz do megatraf*ar*.

30. **Autoassédio paragenético:** a megateimosia; a genopensenidade regressiva.

31. **Autoassédio perdoado:** da conscin autoperdoadora autocorrupta.

32. **Autoassédio perene:** a base do traf*ar* persistente há séculos.

33. **Autoassédio potencializado:** pelo assediador.

34. **Autoassédio primário:** o porão consciencial no adulto.
35. **Autoassédio pseudossuperado:** o subcinerício.
36. **Autoassédio renitente:** entranhado no autotemperamento.
37. **Autoassédio sexual:** os pecadilhos mentais sexuais.
38. **Autoassédio superado:** do reciclante existencial.
39. **Autoassédio superexposto:** da pessoa pública sem autocrítica.
40. **Autoassédio sutil:** o capricho mentalsomático.

Autolucidez. Pode-se perceber claramente o advento de patopensenes na intraconsciencialidade, ainda sem estar autoassediado. É possível inclusive identificar a origem, própria ou de fontes externas (xenopensenes), discernindo a tentativa de influenciação de outras consciências ou a assimilação de energias gravitantes do ambiente circundante.

Crítico. A identificação do patopensene é o momento crítico, a *ultima ratio* para a ação preventiva, tendo em vista a evitação da instalação do autoassédio. Os patopensenes, de origem interna ou externa, funcionam ao modo de cunhas pensênicas, capazes de fender a harmonia intraconsciencial, caso não sejam afastados.

Instalação. O autoassédio somente se instala quando a vítima se afiniza, aceita ou adere aos pensenes patológicos. Com isso, ela reforça os patopensenes com as próprias energias conscienciais, intensificando a prevalência, a insistência e a potência do autoassédio na pensenidade.

Etologia. A energização do autoassédio é o que conduz ao aprofundamento da parapatologia, passando do campo dos pensenes para o das ações e dos comportamentos autoassediadores, condizentes com a natureza da patopensenidade.

Capítulo 04

Indutores de Patopensenes

Gênese. O fluxo de pensenização patológica de quem está autoassediado surge nos mais variados contextos da vida cotidiana sendo, por vezes, gerado por fatores banais, sem a presença de qualquer interferência de outras conscins ou consciexes ou contato com fator eliciante externo.

Indutores. Consoante à *Paraprofilaxiologia,* eis ao modo de exemplos, classificados na ordem alfanumérica e de acordo com 3 subdivisões técnicas da Conscienciologia, 30 possíveis gatilhos ou fatores de indução de patopensenes nas consciências predispostas:

A. **Intraconscienciologia.** Provenientes da automanifestação disfuncional na intraconsciencialidade:

01. **Contrariedades.**
02. **Desejos irrefletidos.**
03. **Devaneios.**
04. **Emocionalismos.**
05. **Frustrações.**
06. **Ilusões.**
07. **Intenções doentias.**
08. **Memórias tóxicas.**
09. **Raciocínios apriorísticos** (apriorismose).
10. **Vontade débil** (acrasia).

Memória. Por exemplo, ao rememorar espontaneamente algum infortúnio ou perda passada, porém não bem resolvidos, a conscin pode voltar a sofrer com a lembrança e maldizer os supostos culpados pela desdita pessoal.

B. **Extraconscienciologia.** Provenientes das interações com as condições exteriores ao microuniverso intraconsciencial:

11. **Alimentos:** o consumo do alimento saboroso, mas intolerado pela fisiologia pessoal; o excesso alimentar.

12. **Bagulhos energéticos:** o objeto carregado com energias negativas; a fotografia fixadora de holopenense negativo; a carta do ex-namorado ou ex-namorada; a roupa ou objeto da pessoa dessomada; as armas de todos os tipos.

13. **Dinheiro:** a falta de dinheiro; as visitas frequentes ao *Shopping Center* para as compras desnecessárias.

14. **Droga lícita ou ilícita:** os efeitos adversos do medicamento necessário; a bebida alcoólica ingerida socialmente; a droga alucinógena *recreativa* (eufemismo).

15. **Informática:** o vírus digital; o *bug* inesperado; a lentidão do *software;* a falha da impressora.

16. **Meios de comunicação:** a notícia assediadora (crime; corrupção; politicagem); a película evocadora de holopensene baratrosférico; o *e-mail* assediado (*e-mail bomba*); a fixação no celular; o *post* patológico na rede social (*Facebook*); o *site* de conteúdos pornográficos, racistas, radicais, de jogos, entre outros.

17. **Meios de transporte:** os problemas do veículo pessoal; a precariedade do transporte coletivo; o congestionamento; o gersismo urbano; o acidente automobilístico.

18. **Residência:** o reparo necessário inesperado; o acidente doméstico; a preocupação obsessiva com a segurança.

19. **Soma:** a fome; o sono; a carência sexual; a TPM; a aparência pessoal.

20. **Sons:** a poluição sonora; a música desequilibradora e alienante; a letra musical de conteúdo de baixo calão.

Computador. Os autoassédios podem ser desencadeados por situações inusitadas para o observador externo. É o caso das pessoas repetidamente irritando-se com o *bug* inesperado do computador, que sob a perspectiva irracional da conscin *teima* em não funcionar, justamente no momento no qual mais se necessita dele.

Questionamentos. Algumas pessoas até reclamam com o equipamento, batem e jogam teclados e *mouses* no chão. Há alguma racionalidade neste tipo de reação? *Nenhum autoassédio é racional.*

C. **Interconscienciologia.** Provenientes das relações multifacetadas da consciência com os demais princípios conscienciais:

21. **Amizade, quando ociosa.**

22. **Animal barulhento.**

23. **Colega de trabalho mal-intencionado.**
24. **Companhia extrafísica patológica.**
25. **Criança mal-educada.**
26. **Insetos** (pragas; formigas; moscas; mosquitos).
27. **Líder autocrata.**
28. **Parente intrusivo.**
29. **Planta daninha e parasita.**
30. **Vizinho incômodo.**

Companhias. O interessado em eliminar os autoassédios deve atentar, particularmente, à qualidade das companhias pessoais. As consciências são capazes de exercer grande influência entre si a ponto de definirem o destino nesta vida humana. Algumas estimulam nos outros aquilo que possuem de melhor, outras nem tanto.

Tóxico. Ao conviver com o colega toxicômano, por exemplo, mesmo não sendo usuária, a conscin estará frequentemente interagindo com o holopensene das drogas, radicado na intraconsciencialidade alheia. É preciso uma boa razão interassistencial para se manter nesse contexto perversor.

Interassistência. Sem dúvida, seria egoísmo buscar somente estar ao lado de conscins e consciexes sadias. Para a pessoa imbuída em se dedicar à interassistência, tal conduta, de fato, é uma impossibilidade, pois o assistido potencial é justamente o doente, sendo muitas vezes preciso estar próximo e conviver para ajudar.

Persistência. Contudo, caso o assistido, ao modo do colega toxicômano, seja refratário a quaisquer estímulos ou exemplos assistenciais de reciclagem, a melhor conduta, infelizmente, é evitar a convivência. Assim, evita-se o acumpliciamento anticosmoético e garante-se a manutenção da autodefesa contra os heteroassédios.

Locais. Os holopensenes ambientais também possuem grande poder de influência sobre as consciências, por isso a conscin mais lúcida quanto às energias conscienciais evita a presença assídua ou mesmo a visitação a esmo a certos ambientes reconhecidamente de holopensenes patológicos.

Belicismo. Por exemplo, por mais que algumas escolas militares sejam referências de ensino de qualidade, o ideal é evitá-las. Ao estudar em tais ambientes, mesmo quando o intuito não é seguir a carreira militar, o estudante ficará imerso no holopensene belicista, o que pode trazer repercussões negativas no curto, médio ou longo prazos.

Causa-efeito. Certos miniautoassédios podem colocar a pessoa em situações desencadeadoras de outros assédios mais graves, a exemplo do jovem com baixa autoestima e afetivamente carente, desconsiderando os próprios valores e começando a usar drogas para integrar-se e ser aceito no grupo de colegas.

Capítulo 05

Patopensenização

Manifestação. O autoassédio instalado passa a contaminar, na prática, a autopensenidade, quando energiza o patopensene ou o pecadilho mental. Nesse processo, afeta de diferentes formas os 4 veículos de manifestação consciencial.

Autodepreciação. Por exemplo, conscins que têm conceitos depreciativos a respeito de si mesmas, podem criar, inconscientemente, uma autoimagem fictícia, considerada apropriada para apresentar nas interações sociais.

Inautenticidade. Ora ocultam informações que pretensamente vão contra a *persona* constituída, ora procuram ressaltar excessivamente qualidades, nem sempre verdadeiras, para reforçar a autoimagem pública.

Contexto. Por vezes, quando passam por situações nas quais seria importante expor a opinião pessoal publicamente, avaliam haver sério risco de serem criticadas devido às deficiências pessoais. Tal ideia é acompanhada de ansiedade, descompensação energética e das reações típicas do sistema nervoso simpático.

Intensificação. Essas reações holossomáticas tendem a se intensificar quanto maior for a importância dada para a interação, seja ela afetiva, social, entre outras (V. **Bocato,** Raquel; ***Timidez é Entrave no Mercado de Trabalho;*** Folha de São Paulo; São Paulo, SP; 19.03.06; primeira página (Chamada) e F2).

Patopensenização. Nesses casos, devido ao medo da heterocrítica, o autoassédio manifesto preponderante aparece na forma de fobopensene, apresentando os seguintes componentes relativos a cada veículo consciencial:

1. **Mentalsoma** (*pen*)**:** o pensamento automático comum no contexto, por exemplo, "as pessoas vão me criticar" (criticofobia); "se as pessoas me criticam, significa que de fato sou um fracasso".

2. **Psicossoma** (*sen*)**:** a emoção disfórica de ansiedade.

3. **Energossoma** (*ene*): a perda de energias conscienciais pelo umbilicochacra.

4. **Soma** (sensações e estados físicos): taquicardia; tremores e suor nas mãos.

Etologia. Para minimizar o mal-estar causado por tal padrão de autopensenidade, bem como evitar as críticas, a tendência nesses casos é de esquiva, optando por não se manifestar.

Reforço. Tal conduta reduz o mal-estar momentaneamente, mas reforça as pressuposições deturpadas sobre si mesmo, em outras palavras, fortalece o autoassédio.

Acobertamento. Importa ressaltar que os mecanismos de funcionamento consciencial, em geral, são mais complexos. A tentativa de acobertar a realidade pessoal dos outros frequentemente acompanha alguma intencionalidade espúria e, não raro, é reforçada por guias amauróticos ou assediadores.

Ciclologia. O exemplo citado pode ser descrito de acordo com o *ciclo de manifestação do autoassédio* da figura 2:

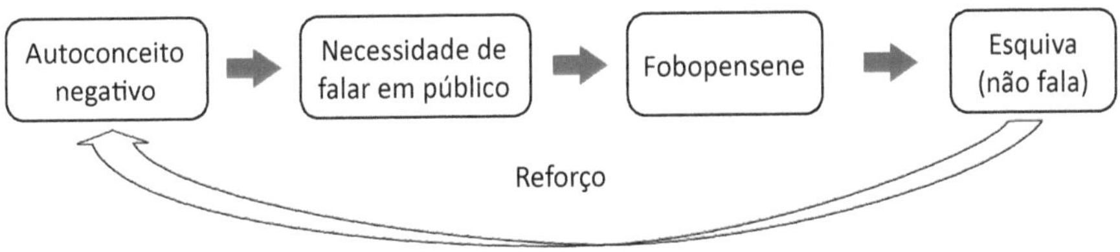

Figura 2. Casuística do processo de manifestação do autoassédio.

Taxologia. Pelos critérios da *Pensenologia,* a autopensenização irracional é responsável por inúmeros desequilíbrios intraconscienciais regressivos. Eis, na ordem alfanumérica, 38 categorias de patopensenizações, exemplos de manifestação de autoassédios:

01. **Andropensene:** o pensamento viril específico do machão (imaturidade).

02. **Baratropensenidade:** o pensamento típico da Baratrosfera.

03. **Bilipensene:** o mau humor; a irritabilidade.

04. **Circumpensene:** a circunlocução; a falta de objetividade; o pensamento em rodeios.

05. **Credopensene:** o pensamento do crente; a credulidade.

06. **Criptopensene:** a fantasia; a fabulação; as fugas imaginativas (o delírio da Imagisticologia).

07. **Dubiopensene:** a dúvida; a hesitação; o vacilo; a decidofobia.

08. **Ectopensene:** a alienação da consciência vítima da irrealidade.

09. **Entropopensene:** a autodesorganização mental; a autodispersão pensênica; o conflito íntimo.

10. **Erotopensene:** o adultério mental; a fantasia sexual elevada ao máximo.

11. **Escleropensene:** o pensamento rígido, difícil de modificar.

12. **Esquizopensene:** o pensamento dissociado, fendido entre a realidade e a imaginação.

13. **Estagnopensene:** o conservantismo; as ideias estagnadas.

14. **Estultopensene:** o antidiscernimento; a autoficção; a insensatez; a estupidez.

15. **Fixopensene:** o pensamento absorvido ou monopolizado por ideia fixa.

16. **Fobopensene:** a ideia fóbica; o medo.

17. **Hedonopensene:** o pensamento focado na busca de prazer e satisfação.

18. **Hipnopensene:** o pensamento capaz de produzir a sugestão hipnótica ectópica.

19. **Hipopensene:** a ideia hipotrofiada.

20. **Inculcopensene:** o pensamento doutrinário; a lavagem cerebral.

21. **Intrusopensene:** o pensamento intrusivo; o xenopensene assediador.

22. **Lacunopensene:** o pensamento lacunado; incompleto; falho.

23. **Lapsopensene:** o pensene esquecido; a hipomnésia.

24. **Malignopensene:** a intenção negativa; o pensamento maléfico.

25. **Manipensene:** o grito de loucura e desvario na deterioração da psique (Psiquiatria).

26. **Misopensene:** a comunicação pública da praga ou da maldição.

27. **Morbopensene:** o pensamento mórbido.

28. **Nosopensene:** o pensamento doentio anticosmoético.

29. **Ociopensene:** a preguiça; a moleza; a prostração.

30. **Oclopensene:** o grito e os ululos da multidão amotinada (Subcerebrologia).

31. **Oniropensene:** a ideia delirante ou de base irracional.

32. **Paleopensene:** o pensene anacrônico, antigo, ultrapassado.

33. **Pirropensene:** o radicalismo; o extremismo; a intolerância.

34. **Pseudopensene:** o pensamento de conteúdo mentiroso em forma de verdade; a falácia lógica; a sofística.

35. **Repensenes:** as ideias rotineiras ou vulgares repetidas *ad nauseam*.

36. **Subpensene:** a resolução infeliz gerada pelo subcérebro abdominal.

37. **Tautopensene:** o pensamento apriorista; a apriorismose.

38. **Toxicopensene:** a toxidade do pensamento.

Intencionalidade. Todo patopensene tem uma intenção, quando não conscientemente corrupta e anticosmoética é, no mínimo, desqualificada pela irreflexão ou pela ignorância.

Capítulo 06

Conduta Autoassediadora

Potencial. A patopensenidade conduz a ações, atitudes e condutas anticosmoéticas, porém nem todo pensene patológico resulta em comportamento observável. Todavia, tal fato não os torna menos perniciosos, pois tão somente pensenizar negativamente já é potencialmente maléfico para as consciências ao derredor.

Efeitologia. Tendo em vista a *Parapatologia,* eis, por exemplo, na ordem alfanumérica, 26 condições autoassediadoras e traf*a*ristas resultantes do autoassédio, com efeitos e consequências deletérias superficiais ou profundas:

01. **Alienação.**
02. **Autoengano.**
03. **Autocondescendência.**
04. **Autocorrupção.**
05. **Autodepreciação.**
06. **Autoderrotismo.**
07. **Autodesorganização.**
08. **Autoincoerência.**
09. **Autoinsegurança**
10. **Autorrepressão.**
11. **Autoviciação.**
12. **Autovitimização.**
13. **Competitividade.**
14. **Desatenção.**
15. **Egoísmo.**
16. **Hedonismo.**
17. **Irritabilidade.**
18. **Obesidade.**
19. **Oportunismo.**
20. **Orgulho.**
21. **Passividade.**
22. **Pessimismo.**
23. **Promiscuidade.**
24. **Sadismo.**
25. **Satisfação malévola.**
26. **Suicídio.**

Relação. A intencionalidade negativa desqualifica os traços da personalidade. A liderança, por exemplo, quando exercida cosmoeticamente e visando o bem de todos, é traf*o*rista, porém, quando o líder é impositivo, dominador ou manipulador, é traf*a*rista.

Especificidades. A identificação realista dos próprios traf*a*res costuma ser o primeiro passo da reciclagem intraconsciencial, mas para aprofundar a recin é preciso também identificar os autoassédios específicos sustentadores de cada autotraf*ar*.

Etiologia. A autodesorganização, por exemplo, pode ser causada por diferentes mecanismos intraconscienciais, ao modo desses 6, elencados a seguir, na ordem alfanumérica:

1. **Acídia.** Devido à preguiça mental de manter a organização dos próprios pensenes ou da preguiça psicomotora para manter organizada a realidade extraconsciencial ao derredor.
2. **Cronêmica.** Devido à dificuldade em distribuir o tempo adequadamente para as diferentes atividades pessoais diárias.
3. **Desvalorização.** Devido à despriorização do valor da auto-organização para a vida pessoal.
4. **Emocionalismo.** Devido à desorganização mental gerada por estado emocional temporário.
5. **Inexperiência.** Devido à inexperiência no exercício de nova atividade, para a qual ainda não possui a habilidade desenvolvida.
6. **Rotina.** Devido à mudança na rotina pessoal.

Circunstancial. Os exemplos anteriores evidenciam que algumas das possíveis causas para a autodesorganização são circunstanciais, ao modo daquela gerada pela inabilidade temporária em lidar com novas atividades incluídas na rotina pessoal.

Generalizada. Quando a desorganização é fundamentada em patopensenes e traf*ar*es, aparece de modo mais generalizado nas manifestações pessoais, a exemplo da conscin acidiosa, de vontade fraca, dominada pela preguiça e incorrigível adepta da *lei do menor esforço* no pensar e no agir.

Correlação. Traf*ar*es cronicificados, abrangentes e viciosos, sobretudo os megatraf*ar*es, compõem o temperamento e, não raro, são profundamente radicados com múltiplas ramificações de autoassédios na intraconsciencialidade.

Complexidade. *A consciência é complexa.* É possível que associados a certos traf*ar*es estejam conglomerados de autoassédios, ampla gama de patopensenes e condutas anticosmoéticas interatuantes. Assim também são constituídos os megatraf*ar*es, as síndromes, os transtornos e outras loucuras humanas.

Sindromologia. Tomemos o exemplo da *síndrome do ostracismo,* definida como o estado mórbido resultante da perda de algum tipo de poder humano e consequente anonimato, isolamento, exclusão social, desterro político, falência econômica, invisibilidade artística ou destituição científica (Haymann, 2011).

Sintomas. A modalidade genética desta síndrome apresenta como critério para diagnóstico a presença, de todo ou em parte, dos 7 sinais ou sintomas, descritos a seguir:

1. **Pseudossuperioridade pessoal.**
2. **Carência de reconhecimento público.**
3. **Frustração.**
4. **Hipersuscetibilidade.**
5. **Ressentimento.**
6. **Depressão.**
7. **Esquivas e fugas emocionais.**

Pseudossuperioridade. A pretensa superioridade pessoal aparece em diferentes contextos existenciais, sendo característica marcante e facilmente identificável da personalidade sindromática e manifesta, por exemplo, por 10 diferentes patopensenes, elencados a seguir, alfanumericamente:

01. **Arrogância do saber.** "Tenho inteligência acima da média".

02. **Autoavaliação a maior.** "Sou capaz de fazer mais do que os outros pensam".

03. **Autoridade.** "As pessoas devem me servir".

04. **Defesa da autoimagem.** Reações agressivas e de negação quando se é confrontado com as próprias falhas e deficiências, reais ou supostas.

05. **Desprezo.** Sentimento de desprezo por quem considera inferior.

06. **Fantasia de sucesso.** "Todos irão reconhecer meus valores e talentos".

07. **Orgulho.** "Preciso defender minha dignidade, senão ninguém o fará".

08. **Prerrogativa.** "Mereço certos privilégios e ter tratamento especial".

09. **Repugnância.** Sentimento de aversão em fazer atividades consideradas inferiores.

10. **Superioridade.** "Sou superior à média das pessoas".

Irracionalidades. A análise crítica desses 10 itens com o crivo do autodiscernimento evolutivo mostra a falta de racionalidade intrínseca nestes patopensenes, os quais dificilmente passariam por teste de realidade.

Argumento. Existe argumento racional, irrefutável, para justificar a existência de alguém tão somente para servir o outro ou, que por ter inteligência ou qualquer atributo pretensamente *acima da* média, a conscin seja *superior* às demais?

Aprofundamento. O exame, mesmo superficial, de apenas 1 destes sintomas da *síndrome do ostracismo* dá noção quanto à complexidade da manifestação da parapatologia e, consequentemente, da necessidade de maior aprofundamento autopesquisístico, tanto no âmbito diagnóstico quanto terapêutico.

Autoconsciencioterapia. Tendo em vista a *Autodesassediologia,* o interessado na autocura de qualquer distúrbio deve buscar identificar os detalhes, as minúcias e as nuanças da própria parapatologia, passando o micrótomo em cada autoassédio, patopensene, ações, atitudes ou comportamentos anticosmoéticos.

Capítulo 07

Autodiagnóstico do Autoassédio

Autocriticologia. A pesquisa do autoassédio pode partir de diferentes condições pessoais percebidas como desagradáveis, disfuncionais, prejudiciais à automanifestação ou que apresentem saldo evolutivo a menor evidente, a exemplo dessas 20, dispostas em ordem alfanumérica:

01. **Autocorrupção.**
02. **Autodesmotivação.**
03. **Autotraf*ar* identificado.**
04. **Bloqueios em chacra específico.**
05. **Comportamento auto ou heterodestrutivo.**
06. **Conflito interconsciencial.**
07. **Conflito íntimo.**
08. **Decidofobia.**
09. **Desconforto emocional.**
10. **Dúvida mortificadora.**
11. **Emoção disfórica.**
12. **Erro reiterado.**
13. ***Feedback* de outras conscins.**
14. **Heterocrítica.**
15. **Irritabilidade.**
16. **Monoideísmo.**
17. **Reação energossomática negativa.**
18. **Reação fisiológica incômoda.**
19. **Sinais de heteroassédio.**
20. **Síndromes e transtornos.**

Questionologia. Eis, na ordem funcional, questionamentos dispostos em 8 tópicos de modo a auxiliar a autoinvestigação e o consequente diagnóstico da autoassedialidade:

1. **Ponto de partida.** Qual o ponto de partida para a autoinvestigação? Traf*ar*, situação conflituosa ou algum dos itens da listagem anterior.

2. **Fator indutor.** Em quais situações o problema aparece? O ideal é registrar por escrito a fatuística detalhadamente.

3. **Efeitos holossomáticos e pensênicos.**

a. **Mentalsoma** (*pen*). Quais os seus pensamentos no momento?

b. **Psicossoma** (*sen*). Quais as suas emoções no momento?

c. **Energossoma** (*ene*). Qual o padrão das energias conscienciais (ECs) do seu energossoma no momento? Como está o funcionamento dos seus chacras?

d. **Soma.** Você sente algum desconforto ou distúrbio somático?

4. **Etologia.** Quais comportamentos, ações ou atitudes que, de algum modo, podem ser prejudiciais a sua evolução e que aparecem nesses contextos?

5. **Traf*ar*ologia.** A sua reação evidencia algum traf*ar* pessoal?

6. **Intencionologia.** Qual a sua intenção? Qual seu objetivo? O que você gostaria que acontecesse?

7. **Significado.** O que significaria para você se as coisas ocorressem exatamente como deseja? E se fossem ao contrário?

8. **Autoassédio latente.** Quais autopredisposições negativas ou autoassédios latentes podem embasar o patopensene manifesto neste contexto? Veja exemplos no capítulo 2.

Diagnosticologia. O autodiagnóstico corresponde à identificação das parapatologias pela conscin reciclante ou evoluciente e deve se basear em evidências, fatos e experiências pessoais, tanto objetivas quanto subjetivas.

Profundidade. Segundo a *Parassemiologia,* o autodiagnóstico é pluridimensional e também pode ser aprofundado, tanto de acordo com o curso da patologia, quanto em função do nível de autoconhecimento.

Etologia. A pessoa pode sentir-se melhor e considerar superada certa tendenciosidade patológica ao mudar o comportamento inadequado que costumava ter em contextos existenciais.

Raiz. Apesar de tal mudança de atitude advir de alguma forma de autoenfrentamento, inclusive evidenciar algum nível de autossuperação, não significa necessariamente ter chegado à verdadeira raiz do problema.

Recidiva. Como traf*ar*es, transtornos, síndromes e condutas antievolutivas são sustentados por diferentes tipos de autoassédios, enquanto estes não forem extintos da intraconsciencialidade, estarão suscetíveis a aparecer em outro momento evolutivo talvez menos intensos ou com roupagens diferentes.

Conexão. Outro aspecto importante a ser considerado é o fato de a qualidade da intenção ser fundamental na conexão pensênica interconsciencial. Quanto mais desqualificada a intenção, maior a predisposição ao heteroassédio.

Exemplo. Eis, na ordem lógica, os 5 itens do *crescendo das manifestações nosográficas* desde o autoassédio até o heteroassédio, permeada pela intencionalidade anticosmoética (modelo adaptado de Bergonzini, 2012):

Irracionalidade (autoassédio latente) ➔ Autocorrupção ➔ Conflito íntimo perturbador ➔ Autoassédio (patopensenidade) ➔ Heteroassédio

Emoções. A análise da intenção e do saldo evolutivo das ações pessoais é de grande auxílio na identificação do autoassédio, principalmente em situações nas quais a conscin não se sente mal com a autopensenidade.

Malévola. Na satisfação malévola, por exemplo, a conscin sente emoção agradável ao perceber a desdita alheia; o mesmo ocorre no caso dos portadores de transtorno bipolar na fase maníaca, sentindo-se muito saudáveis, felizes e energizados (Dalgalarrondo, 2008).

Efetividade. A identificação do autoassédio impacta diretamente a efetividade do processo terapêutico, pois a autoconsciência quanto ao *ciclo de manifestação do autoassédio* instrumentaliza a conscin a evitá-lo, abortá-lo e a buscar autoenfrentamentos mais efetivos para chegar na autossuperação definitiva ou na recin profunda.

Seção II

Autodesassédio Intraconsciencial

Capítulo 08

Potencialização da Vontade

Reciclologia. Não é possível eliminar autoassédios e fazer reciclagens intraconscienciais, sem modificar certos hábitos e rotinas (recéxis), nem se mudam hábitos e rotinas crônicas, enraizadas, sem muito autoesforço e vontade firme. *Nada é fácil para a pessoa sem vontade* (Thomas Fuller, 1608–1661).

Exigência. A experiência prática da pessoa empenhada em implementar renovações mais sérias na vida mostra que o grau de exigência da vontade tende a variar conforme as circunstâncias existenciais.

Favorecimento. As reciclagens são favorecidas quando as áreas da vida consideradas mais importantes, por exemplo, relacionamentos, trabalho, finanças e saúde estão dentro da zona de conforto ou em relativa estabilidade.

Retrocessos. As recaídas tendem a ocorrer, justamente, nos momentos de estresse e de crises, por vezes, originados em setores da existência sem maior relação com aquele referente ao hábito ou às características as quais se deseja modificar.

Sustentabilidade. É comum, por exemplo, pessoas decidirem mudar hábitos alimentares ou largar vícios e não sustentarem a própria decisão depois do estresse ocasionado pelo rompimento de relacionamento afetivo ou da perda do emprego.

Voliciolina. Pela ótica da *Voliciologia,* a capacidade de manter o controle da vontade para efetivar qualquer reciclagem se deve ao domínio, consciente ou não, das energias conscienciais, o verdadeiro combustível da vontade (voliciolina).

Taxologia. Eis, por exemplo, na ordem alfanumérica, outros 16 fatores com potenciais para afetar negativamente a força de vontade para reciclar das conscins ainda sem autodomínio das energias conscienciais:

01. **Autoassédio.**
02. **Autossupressão emocional.**
03. **Consumo de álcool e outras drogas.**

04. **Decisões profissionais críticas.**
05. **Dor física.**
06. **Estados emocionais deprimidos.**
07. **Experiência de situações novas.**
08. **Heteroassédio.**
09. **Heterocrítica.**
10. **Manutenção da autoimagem.**
11. **Mau humor.**
12. **Perdas.**
13. **Perspectiva de exclusão social.**
14. **Saída da zona de conforto.**
15. **Sensação de rejeição.**
16. **Situações estressantes.**

Depleção. Foi observado em experimentos com voluntários a diminuição da capacidade de autocontrole para refrear desejos e controlar comportamentos pessoais indesejados ou socialmente questionáveis, ante exposição a desafios mentais prévios (V. Baumeister & Tierney, 2012). Este fenômeno é conhecido na Psicologia como depleção do ego.

Hipótese. A hipótese explicativa dos cientistas para o fenômeno seria a existência de quantidade limitada de *energia da vontade* presente em cada indivíduo, a qual é gasta na execução de determinadas atividades, funcionando ao modo dos esforços físicos, ao esgotarem a força muscular.

Desafio. Conter desejos e comportamentos habituais, com os quais estamos acomodados, não é algo trivial; mais desafiante ainda é modificar a pensenidade, a intencionalidade e as predisposições patológicas da genética e do temperamento pessoal.

Significação. É essencial ter muita clareza da razão e dos benefícios evolutivos, pessoais e gerais, para se dedicar a tal mister. Caso contrário, quando as dificuldades aparecerem, virão com elas as dúvidas, as incertezas e os questionamentos improdutivos quanto à validade dos autoesforços.

Sinalização. As dificuldades e contrafluxos surgidos durante a tentativa de enfrentar autoassédios e realizar as reciclagens, não raro, indicam que as raízes dos problemas abordados são mais profundas e possuem maiores derivações do que aparentam mediante análise superficial.

Abrangência. Quando o movimento de autorrenovação é mais abrangente, inevitavelmente, atinge outras consciências, algumas antigas vítimas, outras ex-parceiras do vício, da promiscuidade e das ilicitudes, estas últimas, amiúde frontalmente antagônicas à perda do cúmplice ou da presa vampirizada.

Afastamento. De fato, certas mudanças demandam, necessariamente, o afastamento de outras consciências, seja de companhias intrafísicas avessas às mudanças ou das consciexes patológicas frequentadoras da parapsicosfera pessoal.

Autodesassédio. Esse primeiro autodesassédio energiza a vontade pessoal, pois o corte das conexões drenadoras de energias conscienciais junto a outras consciências, possibilita o redirecionamento dessas bioenergias, agora disponíveis, no sentido do aprofundamento da autorreciclagem e da busca de objetivos existenciais mais construtivos.

Virtuoso. Cria-se assim o *ciclo virtuoso da reciclagem intraconsciencial,* no qual, quanto mais aprofundada é a autoconscienciterapia, maior é a força de vontade para continuar reciclando.

Potencialização. Os próximos 12 capítulos desta seção – *Autodesassédio Intraconsciencial* –, expostos a seguir na ordem de apresentação, são exemplos de condutas, e procedimentos potencializadores da vontade:

01. **Automotivação Homeostática.** A potencialização da vontade pela racionalização da automotivação.

02. **Autoconfiança Intrínseca.** A potencialização da vontade pela ampliação da confiança em si mesmo.

03. **Qualificação da Autointencionalidade.** A potencialização da vontade pela qualificação cosmoética da própria intenção.

04. **Autodesenvolvimento Interassistencial.** A potencialização da vontade pela sincronia com o fluxo cósmico interassistencial.

05. **Empenho do Máximo Esforço.** A potencialização da vontade pela vivência de acordo com o *princípio do máximo esforço.*

06. **Autodirecionamento pelos Valores Evolutivos.** A potencialização da vontade pela autodireção a partir dos valores conscienciais evolutivos.

07. **Busca do Neoprazer Evolutivo.** A potencialização da vontade pela busca de prazeres evolutivos perenes e construtivos.

08. **Valorização das Conquistas Pessoais.** A potencialização da vontade pela correta valorização das conquistas já auferidas, integrantes da *ficha evolutiva pessoal* (FEP).

09. **Autoexpressão Afetiva Racional.** A potencialização da vontade pela expressão desreprimida das emoções pessoais equilibradas e racionalizadas.

10. **Recin Financeira.** A potencialização da vontade pelo uso cosmoético do dinheiro na vida humana.

11. **Condutas para o Autodesassédio Psicossomático.** A potencialização da vontade pela eliminação dos autoassédios de bases emocionais.

12. **Redução da Autoconflituosidade.** A potencialização da vontade pela redução dos conflitos íntimos.

Efeitologia. Tais comportamentos pró-evolutivos apresentam diversos efeitos secundários positivos, por exemplo, além de incrementar a força de vontade, a limpidez da intenção pessoal cosmoética abre espaço para os aportes dos amparadores, interessados em ajudar as conscins mais lúcidas e bem-intencionadas nos empreendimentos interassistenciais.

Capítulo 09

Automotivação Homeostática

Energização. A *energia consciencial* é o primeiro componente da motivação e o combustível responsável por transformar o simples querer em vontade realizadora (voliciolina). Isaac Newton (1642–1727) proferia a máxima: *nada se move sem causa propulsora.*

Direcionamento. O estado motivacional está associado a 1 ou mais motivos específicos para os quais a manifestação consciencial é impelida a se dirigir. Tal *direcionamento* pode ser considerado o segundo componente da motivação.

Tipos. Sob a ótica da *Voliciologia*, o *direcionamento da vontade* pode ter origem, preponderantemente, em 3 diferentes condições, expostas a seguir na ordem funcional:

1. **Automatizada.** A motivação reativa energizada pela Fisiologia (fome, sede, entre outros) e pela Parafisiologia dos demais veículos do holossoma (reações emocionais, tendências cognitivas, necessidades psicológicas e sociais inatas).
2. **Heterodeterminada.** A motivação reativa energizada por estímulos externos, pessoas, grupos, forças sociais e culturais.
3. **Autodeterminada.** A escolha autoconsciente e racional de energizar a própria vontade para atingir determinado fim cosmoético.

Diferenças. Dada a condição de animal terrestre, o ser humano possui necessidades primárias. Contudo, devido às influências do meio, da Genética, da Paragenética e da vontade autoconsciente, as conscins variam enormemente entre si no ímpeto e no modo de satisfazerem tais demandas.

Sexualidade. O impulso para a satisfação da necessidade sexual, por exemplo, pode ser fator motivador para a busca de relações afetivas mais estáveis ou para a procura do sexo promíscuo. Outras conscins ainda tentam reprimir ou sublimar esses impulsos naturais, tornando-se inclusive abstêmios sexuais e, inevitavelmente, sofrendo as consequências dessa carência.

Alimentação. O mesmo tipo de variação nas reações humanas ocorre em relação às demais necessidades básicas. Existem pessoas que comem demais e aquelas que comem de menos.

Sono. Também existem os chamados *pequenos dormidores* satisfazendo-se com apenas 5 a 6 horas de sono diárias, enquanto outras pessoas passam na cama 9 a 10 horas por noite, extrapolando a própria necessidade fisiológica real, acomodadas ao marasmo antievolutivo.

Indicador. A Fisiologia apresenta princípios naturais, sadios, de funcionamento e energiza a conscin para atendê-los. Os excessos e extravagâncias antifisiológicos demonstram a existência de algum tipo de parapatologia do microuniverso intraconsciencial.

Efeitologia. Mesmo quando possuidora de grande força de vontade e automotivação, a pessoa com necessidade diária de 7 a 8 horas de sono, faixa dentro da média populacional, não conseguirá reduzir, de modo imediato e definitivo, a carga horária de sono para o refazimento somático ao nível do pequeno dormidor, sem sofrer os efeitos da privação, tais como sonolência, fadiga, diminuição dos reflexos, queda da imunidade, dificuldade de concentração e problemas de memória.

Tecnologia. Quem domina a vontade pode fazer a própria fisiologia trabalhar a seu favor, sendo possível, por exemplo, reduzir voluntariamente, com a aplicação da técnica adequada, a necessidade diária de sono, bem como, dividi-lo em períodos ao longo do dia. Nesse procedimento fundamenta-se a *técnica do turno mentalsomático.*

Sociabilidade. A necessidade de interação social é outro potente fator motivacional atuante nas personalidades saudáveis, mas certamente alguns indivíduos têm maior necessidade de socialização quando comparados a outros e, por sua vez, terão maior motivação para buscar o convívio social.

Extrínsecos. A vida social é essencial para a autoevolução, porém os hábitos e costumes (holopensene) dominantes em cada comunidade agem no sentido de encorajar ou desencorajar seus integrantes a certos comportamentos, atuando como fatores extrínsecos na motivação, não raro, sem que percebam isso.

Tradições. As tradições do casamento e da gestação humana, por exemplo, são inquestionáveis em muitas sociedades e consideradas condição *sine qua non,* essenciais à vida humana.

Maternidade. Todavia, mesmo nessas sociedades, milhares de mulheres experimentam, após o nascimento dos filhos, conflitos, emoções contraditórias e inconciliáveis com os sentimentos maternos idealizados culturalmente (V. ***Calçada,*** A.; ***Amor Materno: Aprisionamento ou Vantagem?;*** Revista Psique Ciência & Vida; 2013). Daí surgem lamentáveis dramas causados pela depressão pós-parto.

Sustentação. A motivação unicamente extrínseca, vinda de fora, não se sustenta *ad infinitum,* pois o reforço externo pode não estar continuamente presente ou não ser forte o suficiente para suprimir a força das necessidades íntimas, particulares de cada personalidade.

Antirrobotização. Fatores holossomáticos e mesológicos têm potencial para interferir na manifestação consciencial, porém não são absolutos, caso contrário as conscins seriam apenas máquinas orgânicas hipercomplexas, comandadas por algoritmos internos pré-determinados, insuperáveis como a Genética e a Paragenética, e por estímulos ambientais externos, sem possuir qualquer autonomia real quanto às deliberações pessoais.

Homeostáticos. Existem fatores catalisadores da automotivação intrinsecamente evolutivos, capazes de colocar a conscin lúcida no *crescendo de manifestações homeostáticas.* Eis, a seguir, na ordem alfanumérica, 10 categorias de fatores catalisadores e respectivos exemplos:

01. **Amparabilidade:** a conexão com amparadores extrafísicos, com a equipin e com a equipex interassistenciais.

02. **Aspirações mentaissomáticas:** a curiosidade intelectual; o interesse em ampliar a autocognição; a importância dada às autopesquisas e às heteropesquisas.

03. **Autoparapsiquismo:** a abertura parapsíquica; os fenômenos parapsíquicos esclarecedores.

04. **Cognições:** o modo de pensar otimista; os planos pessoais evolutivos; as metas existenciais proexológicas; as expectativas de alcançar os resultados assistenciais; a expectativa de ser eficaz em contextos de autossuperação.

05. **Desassédio:** o desbloqueio cortical das energias gravitantes; o afastamento do assediador, do dreno de energias conscienciais.

06. **Emoções:** os afetos positivos; o bom humor; os sentimentos racionalizados.

07. **Racionalidade:** a escolha do melhor evolutivamente com base no autodiscernimento cosmoético; a assistencialidade.

08. **Recéxis:** a autoimagem futura desejada; as reciclagens intraconscienciais.

09. **Valores existenciais:** os gostos e ideais evolutivos; a importância dada a seres, coisas e ideias homeostáticas.

10. **Voliciolina:** a energia consciencial haurida a partir da energia imanente; o acesso às Centrais Extrafísicas de Energia.

Causalidade. Reconhecer a verdadeira causa da automanifestação, mesmo quando as aparências são óbvias, é tarefa desafiadora, pois envolve a autoavaliação acurada e o enfrentamento da realidade evolutiva pessoal. *O que de fato motiva você?*

Capítulo 10

Autoconfiança Intrínseca

Alternância. Há pessoas que vivem oscilando entre fases de altos e baixos níveis de confiança em si mesmas, estando à mercê dos acontecimentos e das opiniões alheias favoráveis ou antagônicas a respeito de si. *O vento não ajuda a quem não sabe aonde vai.*

Social. A dependência da opinião pública e a ânsia em ser aceito ou reconhecido pelo grupo de convívio costumam ser justificadas pela natureza instintual gregária e social do ser humano, pois nos ambientes primitivos havia grande reforço para esse tipo de comportamento. Evitar o ostracismo era decisivo para a manutenção da própria vida.

Orientação. Chega o momento evolutivo crítico no qual essa função *adaptativa* do bicho-homem se contrapõe às necessidades evolutivas do homem-consciência.

Repercussões. Enquanto a conscin não se conhecer e souber o que quer de fato para si, orientar-se-á segundo referenciais externos e permanecerá predisposta a vivenciar episódios de inseguranças, ansiedades e indecisões. Daí proliferam inúmeros transtornos mentais, ao modo da depressão, epidêmica na atualidade.

Autossuscetibilidade. O *locus de controle externo* é modalidade grave de autoassédio, pois aumenta a autossuscetibilidade ao heteroassédio por manipulações de conscins e consciexes, levando, com o tempo, ao desvio do rumo da programação existencial.

Variação. A autoconfiança também varia em função do autoconceito ou da avaliação da pessoa a respeito de si mesma, ainda que tal julgamento esteja deturpado, para mais ou para menos.

Paradoxo. A conscin jejuna pode diminuir a sensação de autoconfiança ao descobrir e admitir os autotraf*a*res, paradoxalmente, mesmo por intermédio da autopesquisa bem-intencionada. Tal postura é, no mínimo, erro de abordagem, pois, de fato, nesse caso a condição intraconsciencial até melhorou, porque os traf*a*res que eram manifestos em diferentes situações apenas de modo inconsciente foram identificados.

Exacerbação. Por outro lado, existem indivíduos com pouca autocrítica, com o ego inflado pela distorção autoperceptiva, a maior, apresentando alto nível de autoconfiança e aplicando-a, na prática, para alcançar grandes realizações. Há aquela conscin, nitidamente megalomaníaca, que atinge resultados expressivos e positivos, os quais pessoas mais centradas e consideradas *pés no chão* não atingiriam.

Impostor. Outro exemplo de distorção autoperceptiva, a menor, é a *síndrome do impostor*, apresentado por Adriana Kauati (1970–) na *Enciclopédia da Conscienciologia*. Segundo a verbetógrafa, o distúrbio ocorre quando a pessoa não se considera merecedora do sucesso, ou do reconhecimento das outras consciências, por imaginar-se aquém da capacidade de realização dos empreendimentos evolutivos, sem assumir os autotraf*o*res, vivendo o medo fantasioso de a *fraude* ser descoberta (Vieira, 2013).

Autoassedialidade. A distorção do autoconceito, seja a maior ou a menor, é fonte de conflitos íntimos e extraconscienciais, e mais cedo ou mais tarde, deverá ser alvo de ajuste pelo interessado na autoevolução.

Repercussão. O autoconceito repercute nas escolhas, decisões, julgamentos, humor, padrões comportamentais e, inclusive, na sensação mais permanente de bem-estar pessoal. Aquilo que a conscin pensениza sobre si mesma também influencia o que os outros pensenizam sobre ela e vice-versa.

Autoconscienciometria. Para estabelecer autoconceito mais realista, é necessária a realização de autoavaliação conscienciométrica profunda e detalhista, considerando pelo menos 2 parâmetros evolutivos conscienciais primários e as respectivas derivações, conforme proposto por Waldo Vieira (1932–2015) no livro *Conscienciograma* (1996):

1. **Holossoma.** O nível de maturidade expresso pelo ego através do domínio dos seus veículos de manifestação consciencial ou holossoma.
2. **Atributos.** O nível de maturidade expresso pelo ego através da utilização dos seus atributos conscienciais.

Autoaceitação. A autoconscienciometria amplia a autocognição e auxilia a pessoa a enxergar-se mais de acordo com o real nível evolutivo, passando a reconhecer, de modo sadio, as próprias habilidades, capacidades, realizações, limitações e valorizar a si mesma, em primeiro lugar, pela condição de consciência em evolução, sem competições ou comparações improdutivas.

Amplitude. Para a conscin mais madura, a identificação e assunção dos traf*o*res e até dos traf*a*res e trafais pessoais geram autossegurança, pois tal autoconscientização minimiza a necessidade de defender a autoimagem protetora e de mostrar para os outros algo que, de fato, não é.

Autorreferencial. O grau de autoconfiança prática, vivencial, somente começa a se estabilizar em patamares pró-evolutivos, quando a pessoa decide dirigir as automanifestações no sentido dos próprios valores conscienciais cosmoéticos, sem deixar de assumir os gostos e preferências particulares que a caracterizam como sendo personalidade ímpar. É preciso autoconhecimento para se atingir esta condição homeostática.

Traf*o*rologia. Eis, por exemplo, na ordem alfanumérica, 10 efeitos benéficos da autoconfiança na manifestação pessoal:

01. **Autocentramento.** Minimiza preocupações com a avaliação externa quanto ao próprio desempenho.
02. **Autodeterminação.** Reforça a capacidade de determinar, decidir, deliberar, prescrever, resolver, afirmar e definir as ações pessoais.
03. **Cognição.** Melhora a eficiência na aplicação dos atributos cognitivos, tais como memória, atenção e concentração.
04. **Desempenho.** Qualifica o autodesempenho nas diversas áreas de manifestação pessoal.
05. **Destemor.** Propicia maior segurança para enfrentar situações difíceis.
06. **Enfrentamento.** Facilita o uso de mecanismos de autoenfrentamento mais produtivos.
07. **Metas.** Favorece o estabelecimento de metas evolutivas mais ousadas (*lei do maior esforço*).
08. **Pensenidade.** Desperta pensamentos e emoções mais positivos.
09. **Persistência.** Aumenta a persistência em dedicar-se a tarefas de maior prazo.
10. **Resiliência.** Reforça a autorresistência e auxilia a recuperação mais rápida nas adversidades.

Autoexperimentação. A autoestima ou o valor positivo quanto ao conceito de si mesmo é o alicerce da autoconfiança básica. Por meio da autovivência dos *princípios conscienciológicos,* a conscin conquista paulatinamente o conjunto de conhecimentos e atributos específicos para a própria evolução. Desse modo, se prepara para chegar ao nível mais avançado de autoconfiança teática, característico da autodesperticidade.

Autodeterminação. A autodeterminação pensênica é condizente com o abertismo às abordagens de outras consciências, com especial atenção parapsíquica aos *approaches* dos amparadores extrafísicos.

Amparabilidade. A conexão com os amparadores de função se baseia, sobretudo, na autoconfiança quanto à intencionalidade cosmoética. É preciso confiar na qualidade da intenção pessoal para ser confiável aos paraolhos dos amparadores extrafísicos.

Capítulo 11

Qualificação da Autointencionalidade

Intencionalidade. As pessoas agem com propósitos específicos para provocar certos resultados ou efeitos almejados, independentemente do fato de estarem ou não autoconscientes quanto a isto. *A manifestação consciencial é permeada pela intencionalidade.*

Etologia. Mesmo a ação irrefletida e imponderada também está carregada de alguma intenção, ainda que seja apenas para diminuir a própria ansiedade e obter algum conforto emocional momentâneo e imediato.

Prejuízos. Ao reagir de modo impensado e impulsivo, a conscin baliza as decisões em estados emocionais desfavoráveis, frequentemente, causando problemas e perdas evolutivas, para si e para os outros.

Caso. Não se pode dizer, por exemplo, que pessoas que procuram evitar críticas ou sentir emoções desagradáveis tenham, invariavelmente, intencionalidade negativa, contudo, o fato é que tal conduta indica falta de qualificação cosmoética da intenção, pois desconsideram ou colocam em segundo plano os possíveis efeitos evolutivos, ou não, da própria manifestação.

Qualificação. A intencionalidade se qualifica quando se considera o bem-estar das outras consciências nas ponderações quanto às finalidades e consequências dos atos pessoais.

Interferências. Mesmo quando há vontade de acertar, as crenças, os apriorismos, a falta de autocrítica, entre outros autoassédios, podem pesar, negativamente, no saldo evolutivo das escolhas e decisões pessoais.

Cosmoeticologia. Qualquer ato, individual ou grupal, contrário ou prejudicial à evolução de ao menos uma consciência, é anticosmoético, mesmo que tenha sido praticado com a *melhor das intenções* e que tenha seus atenuantes.

Conexão. Vale relembrar que a qualidade da intenção é fator decisivo para a conexão pensênica entre as consciências, predispondo-as à amparabilidade ou à assedialidade.

Autodefensividade. A manutenção da intencionalidade hígida é conduta complementar à mobilização das energias conscienciais para a sustentação das autodefesas contra as intrusões pensênicas.

Deslize. Os miniassédios, conscientes ou não, ocorrem devido aos pequenos deslizes ou desvios anticosmoéticos, por vezes momentâneos, da intencionalidade. Ortopensenidade significa pensenizar de modo linear, cosmoético, positivo e bem-intencionado, em quaisquer dimensões, o tempo todo.

Teste. A intencionalidade pessoal é posta à prova constantemente, tanto nas decisões críticas quanto ao destino pessoal, como nas pequenas decisões da vida diária.

Jornal. Mesmo a leitura do jornal diário pode ser *teste da intencionalidade,* pois as mídias de massa estão repletas de lixo mental. Além do mais, qualquer publicação pode ser analisada sob diversos pontos de vista e com diferentes intuitos, cosmoéticos ou não.

Exemplo. Eis, para análise o exemplo da reportagem publicada na Folha de São Paulo no dia 08 de abril de 2013, com a seguinte chamada: – "Gostei", diz o presidente russo após protesto com *topless* do Femen.

Femem. A matéria descreve a manifestação de ativistas do referido grupo ucraniano, fundado por Anna Hutsol (1984–) em 2008, formado por mulheres que protestam em *topless* contra temas sociais, nacionais e internacionais, turismo sexual, instituições religiosas, agências matrimoniais internacionais, sexismo, entre outros.

Motivação. Esse protesto ocorreu na Feira Industrial de Hannover na Alemanha e o alvo, acusado como sendo ditador, foi Vladimir Putin (1952–), presidente da Rússia, país convidado nessa edição do evento.

Sedução. O fato é que as ativistas usam a atração sexual natural do ginossoma, o corpo afrodisíaco, a fim de chamarem a atenção pública para as causas da organização. O chamariz funciona bem para os objetivos do grupo e ajuda a vender jornais, pois periodicamente têm sido publicados na mídia mundial os protestos, inclusive no Brasil.

Intencionalidade. A leitura desse tipo de reportagem pode ser motivada por distintas razões, algumas das quais podem ser concomitantes; eis 4 possibilidades dispostas na ordem alfanumérica:

1. **Causa.** Entender a motivação do protesto.
2. **Curiosidade.** Entreter-se e sanar a curiosidade sobre situação inusitada.
3. **Informação.** Buscar informar-se sobre a política internacional.
4. **Voyeurismo.** Observar os corpos seminus das ativistas.

Consequências. Ao dirigir a autopensenização ao conteúdo nosográfico, disfarçado de notícia útil, o leitor incauto e sem higiene mental, baixa as autodefesas e abre a guarda para as conseneres afins ao tema.

Autodiagnóstico. A experimentação dessa simples situação rotineira para qualquer leitor fornece o diagnóstico da intenção. Se ocorrer o pecadilho mental, haverá a predisposição para heteroassédios.

Capítulo 12

Autodesenvolvimento Interassistencial

Interassistencialidade. Os esforços dos amparadores para a implantação dos *Cursos Intermissivos* (CIs) pré-ressomáticos e, consequentemente, da Conscienciologia na dimensão intrafísica, visam conscientizar os intermissivistas quanto ao valor insubstituível da prática da interassistência como alavanca para a autoevolução, e gabaritá-los para que, em tempo oportuno, se tornem líderes assistenciais na vida intra e extrafísica.

Paragenética. Contudo, o temperamento e as tendenciosidades pessoais não mudam de todo subitamente, mesmo depois da participação no CI. Certas manifestações conscienciais repetidas por milênios precisam ser recicladas na experiência humana. *Inexiste mutação consciencial instantânea.*

Orgulho. O orgulho, filho primogênito do egoísmo, é exemplo de fator dificultador para que a conscin, agora portadora dos conhecimentos da *Evoluciologia* hauridos no CI, expanda os limites da própria assistencialidade. *O orgulho é a âncora do ego.*

Horizontalidade. Para criar o *rapport* e realmente alcançar o assistido, muitas vezes, é necessário colocar-se no mesmo nível dele e, em certos casos, em posição desvantajosa, na qual o bem-estar e os interesses do assistente ficam em segundo plano.

Interferência. Ter autodisponibilidade interassistencial costuma ser mais fácil quando as interações com o assistido não interferem diretamente na vida do assistente. Por exemplo, devido ao envolvimento emocional, em alguns contextos, ajudar familiares e amigos pode ser desafio maior do que assistir alguém desconhecido ou pessoa sem forte vínculo afetivo.

Envolvimento. Chega a hora na qual a evolução das práticas interassistenciais demanda a autoabnegação lúcida e o envolvimento profundo com os problemas alheios. Tal conduta cosmoética complexa exige autossuperações múltiplas da conscin neófita na interassistencialidade avançada, mas a principal é a do egocentrismo.

Assistenciologia. Eis, por exemplo, na ordem alfanumérica, 15 posturas autodoadoras, sem qualquer tipo de acumpliciamento anticosmoético, capazes de elastecer os limites da interassistência pessoal:

01. **Acolhimento.** Baixar as autodefesas egoicas e emocionais visando ser mais acolhedor com as pessoas, em geral.

02. **Aproximação.** Dispor-se a exercer atividades muito aquém dos próprios potenciais para se aproximar dos assistidos (descensão cosmoética).

03. **Desconforto.** Estar disponível para sair da zona de conforto e comodidade para atender às necessidades alheias.

04. **Desrespeito.** Estar preparado para ser tratado com desconsideração, desdém ou arrogância, tendo em vista alcançar as metas interassistenciais prioritárias.

05. **Dinheiro.** Colocar a *mão no bolso* quando necessário, inclusive postergando projetos pessoais e *tirando da própria carne.*

06. **Extrapauta.** Mudar rotinas e prioridades pessoais pré-estabelecidas para atender a demanda do outro.

07. **Incompreensão.** Dar o máximo de si, com a melhor das intenções e autodiscernimento, tendo como retorno críticas e incompreensões, justamente dos maiores beneficiados dos esforços pessoais, mesmo assim, manter a automotivação assistencial.

08. **MBE.** Compartilhar o próprio bem-estar íntimo a partir das mobilizações energéticas visando o outro, inclusive com iscagens interconscienciais lúcidas e assimilações energéticas terapêuticas.

09. **Previsões.** Ter flexibilidade mental e motora para doar-se, além do previsto inicialmente, em função das injunções interassistenciais.

10. **Relações.** Interagir e conviver socialmente com pessoas consideradas difíceis, complicadas e até mal-intencionadas, quando em função da assistência. No caso é *tratar o leão à curta distância.*

11. **Responsabilidade.** Expandir a abrangência da própria responsabilidade, assumindo para si, em certos contextos, parcela de responsabilidade pelas atitudes alheias.

12. **Retorno.** Não pensar em quaisquer tipos de retornos, disponibilizando-se para a assistencialidade de modo totalmente desinteressado. *Pensar na assistência como investimento a fundo perdido.*

13. **Satisfação.** Fazer o próximo sentir-se melhor que você e, como hábito, *jogar com uma carta a menos.*

14. **Sujar.** Estar disposto a sair do imobilismo, suar sangue, sujar-se e colocar a mão na lama.

15. **Tempo.** Ampliar o tempo dispendido com os próprios pensenes em favor da assistência e da busca de soluções para os problemas e conflitos das outras consciências.

Recin. A reciclagem comportamental na interação com os princípios conscienciais se qualifica quando a intencionalidade ultrapassa os interesses do ego e permanece centrada, de modo sincero e desinteressado, no bem-estar das outras consciências.

Flexibilidade. Para se tornar profissional da interassistencialidade, a conscin deve aprender a transitar da tares de alto nível por meio da vivência teática das neoverpons até a tacon primária, quando assim for necessário.

Capítulo 13

Empenho do Máximo Esforço

Antimediocridade. Não é possível ser desassediado estando em consonância com a mediocridade, com a *lei do menor esforço* ou com as forças anacrônicas favoráveis à manutenção do *status quo.*

Autoesforço. Empenhar o máximo esforço para fixar a manifestação no melhor dos autopotenciais, minimizando as oscilações de desempenhos, é fórmula contra a regressão à condição vulgar de assedialidade.

Parâmetro. O desempenho das companhias pessoais até pode servir de referência, porém não é parâmetro confiável para a conscin lúcida avaliar a si própria. Mais vale a autocomparação e a autoavaliação sincera quanto ao nível de aplicação prática dos potenciais pessoais na vida diuturna. *Autodesassédio exige autossuperações.*

Traf*a*rologia. Sob a ótica da *Autorrendimentologia,* eis, na ordem alfanumérica, 13 exemplos de traf*a*res afins, impedidores da vivência teática da autodesassedialidade, típicos das conscins adeptas da *lei do menor esforço:*

01. **Acídia.** A vontade fraca levando à inércia, à tibieza e à preguiça, com abatimento do soma e da consciência.

02. **Aprosexia.** A falta do exercício da memória e da atenção, resultando na falta de percepção dos sinais da assedialidade.

03. **Autocomodismo.** A tendência de colocar a própria comodidade à frente de tudo, evitando dificuldades e responsabilidades.

04. **Autodesorganização.** O costume de manter a vida desordenada ou desestruturada pela falta de organização e autodisciplina, fonte de inúmeras brechas assediadoras.

05. **Autodisplicência.** A falta de empenho ou de cuidado na realização das desassins.

06. **Autoinvigilância.** A invigilância extrassensorial e a ausência do sensoriamento da autossinalética, principal alerta para as tentativas de intrusões heteroassediadoras.

07. **Autonegligência.** O descuido no cumprimento de tarefas ou obrigações, pontuais ou contínuas, indispensáveis à manutenção da autodesassedialidade.

08. **Desídia.** A disposição para evitar qualquer esforço físico, energético ou cosmoético.

09. **Desleixo.** A falta de detalhismo, capricho ou apuro deixando passar as sutilezas do parapsiquismo, tais como as minissincronicidades.

10. **Imprudência.** Inobservância das precauções necessárias já conhecidas, ao modo da blindagem energética da alcova do casal íntimo.

11. **Indolência.** A demonstração de indiferença e esquiva quanto às próprias responsabilidades.

12. ***Laissez-faire.*** O mau hábito de *deixar como está para ver como é que fica.*

13. **Relaxamento.** Perda de interesse, do zelo e do entusiasmo para manter a lucidez e o desempenho pessoal em alto nível.

Habitologia. Enquanto certa manifestação não se torna rotineira ou habitual, exigirá maior esforço para fixá-la até tornar-se segunda natureza. *Consuetudo est altera nature.*

Consolidação. A consolidação da condição de autodesassédio advém da vivência em ritmo contínuo de autoesforços na consecução das atividades prioritárias da proéxis, fixando, pouco a pouco, novos hábitos pensênicos sadios e neorrotinas úteis autodefensivas.

Manutenção. A manutenção da neocondição seriexológica de autodesassedialidade exige a vivência contínua da *lei do máximo esforço* nos autodesempenhos pessoais.

Moto-contínuo. O estado íntimo de bem-estar eutímico, ideal almejado pelas conscins lúcidas, não tem qualquer relação com a acomodação passiva da *aposentadoria proexológica precoce,* mas se fundamenta na autossatisfação obtida pela vida ativa em equilíbrio dinâmico, inclusive com estresses positivos, preferencialmente autopromovidos.

Traf*o*rologia. Sob a ótica da *Autorrendimentologia,* eis na ordem alfanumérica, 15 exemplos de traf*o*res afins, essenciais para a vivência teática da autodesassedialidade, típicos das conscins adeptas da *lei do máximo esforço:*

01. **Antidispersividade.** A conservação dos esforços no que interessa evolutivamente, sobremaneira na manutenção da ortopensenidade e da autodefesa energética.

02. **Antivitimização.** A postura internalizada e inflexível de não se permitir autovitimizações em qualquer circunstância.

03. **Autoabsolutismo.** A decisão inequívoca, irrevogável, de não permitir se manifestar em subnível, por qualquer razão.

04. **Autodeterminação.** A capacidade de determinar as próprias metas e objetivos, independente da opinião alheia.

05. **Autodisposição.** A sustentação do estado consciencial de ânimo, bom humor, inclinação e predisposição positiva para não baixar a autolucidez nos momentos de calmaria e sustentar a autodefesa nos períodos mais críticos da vida.

06. **Autoestabilidade.** A manutenção das automanifestações em nível elevado com o mínimo de oscilações, sem picos de rendimentos seguidos por vales de inatividade.

07. **Autoincorruptibilidade.** O autoposicionamento cosmoético de não mais ceder às autopredisposições contraproducentes quando eventualmente existentes ou aos traf*a*res ainda não totalmente superados.

08. **Auto-organização.** A priorização da organização intraconsciencial e extraconsciencial decorrente. *A desorganização causa acidentes.*

09. **Continuidade.** O continuísmo aplicado à manifestação a partir dos autotraf*o*res.

10. **Dignidade.** A dignidade pessoal ou a *vergonha na cara* de não se permitir ter mais autoassédios ou heteroassédios, quando já se possui as ferramentas e potenciais para os evitar.

11. **Energossomaticidade.** A aplicação prática, interassistencial e autodefensiva das energias conscienciais no dia a dia, não mais se permitindo tornar-se vítima das próprias assistências parapsíquicas.

12. **Interassistencialidade.** A autopensenidade interassistencial contínua, autodefesa natural contra heteroassédios.

13. **Megafoco.** O foco em manter-se livre de influências externas espúrias.

14. **Responsabilidade.** A responsabilidade em colocar em prática os aportes recebidos no *Curso Intermissivo* pré-ressomático.

15. **Vontade.** A confiança na vontade e no poder da voliciolina pessoal.

Escolha. A autodesassedialidade é, antes de tudo, escolha da consciência. *Você empenha o seu máximo esforço visando não mais se assediar?*

Capítulo 14

Autodirecionamento pelos Valores Evolutivos

Definição. O *valor pessoal ou consciencial* é a qualidade, importância ou consideração dada por alguém a determinada realidade consciencial, abstrata ou material. Valorizamos pessoas, animais, relacionamentos, ideias, emoções, condutas e até objetos.

Taxologia. Eis, a seguir, na ordem alfanumérica, 13 categorias de valores e respectivos exemplos, de modo a ampliar a autocognição do leitor ou leitora quanto à abrangência e relevância da temática:

01. **Valor anticosmoético:** a dominação (V. **Folha Online;** ***Análise: Dominação e Diplomacia Americana;*** SP; 04.02.14).

02. **Valor cosmoético:** a dignidade humana (V. **Folha Online;** ***Grupos reagem com Indignação na Guatemala após Notícia sobre Cobaias Humanas; SP; 02.10.10).***

03. **Valor cultural:** do imóvel tombado pelo patrimônio histórico (V. **Folha Online;** ***Decisão da Justiça reabre Tombamento do Cine Belas Artes;*** SP; 21.12.11).

04. **Valor duplista:** o companheirismo (V. **Folha Online;** ***Imperadores do Japão comemoram Bodas de Ouro ao Lado de Cem Casais;*** SP; 12.03.09).

05. **Valor econômico:** a obra artística (V. **Folha Online;** ***Trabalho de Francis Bacon é Obra de Arte mais Cara vendida em Leilão;*** SP; 13.11.13).

06. **Valor empresarial:** a ética empresarial (V. **Nunes,** Angela; ***A Vez da Ética nas Empresas;*** Revista Veja; SP; 11.10.2000; páginas 154 e 155).

07. **Valor estético:** a aparência física (V. **Folha Online;** ***Plástica no Nariz vira Moda e Símbolo de Status no Irã;*** SP; 11.05.14).

08. **Valor evolutivo:** o altruísmo (V. **Folha Online;** ***Fósseis mostram Altruísmo de Humano Antigo;*** SP; 08.02.14).

09. **Valor familiar:** o afeto entre os familiares (V. **Folha Online;** ***Meu Filho me ensinou que é o Afeto que deve nos guiar;*** SP; 05.10.14).

10. **Valor humano:** a autonomia (V. **Folha Online;** ***Número de Idosos que moram Sozinhos Triplica em 20 anos;*** SP; 25.12.13).

11. **Valor intermissivo:** a interassistencialidade (V. **Enciclopédia da Conscienciologia Digital;** ***Verbete Interassistencialidade;*** PR; 2013).

12. **Valor religioso:** a fé (V. **Nunes,** Angela; ***A Fé que move Multidões avança no País;*** Revista Veja; SP; 16.05.90; páginas 46 e 52).

13. **Valor social:** a fama (V. **Weinberg,** Monica; ***Famosos, Milionários Professores;*** Revista Veja; SP; 28.11.12; páginas 46 e 52).

Relatividade. O valor dado a algo pode variar muito entre as pessoas, pois depende da capacidade, também variável, de juízo crítico individual.

Concordância. A base da Inteligência Evolutiva (IE) está em saber identificar o *valor evolutivo* das coisas ao derredor, por isso, quanto mais lúcidas forem as consciências, maior a tendência de concordarem entre si, quanto ao valor evolutivo das realidades e pararrealidades do Cosmos.

Direcionadores. As pessoas possuem apenas pequeno conjunto de valores intrínsecos ao microuniverso intraconsciencial que, de fato, determinam a maior parte das escolhas, comportamentos, preferências, favoritismos e companhias pessoais, mesmo quando não estão conscientes quanto a tal condição.

Instintividade. Parte desses valores muitas vezes são instintivos ou fundamentados em necessidades humanas básicas, biológicas, sociais ou cognitivas e, nesses casos, visam predominantemente a satisfação emocional, imediata.

Gostos. De modo geral, a tendência é a valorização daquilo que se gosta ou do que mais agrada, porém isto nem sempre é o melhor em termos evolutivos. A conduta mais inteligente é *aprender* a valorizar e a gostar do que é favorável à evolução de todos.

Racionalidade. Os valores pessoais mais importantes são os assentados na racionalidade cosmoética, frutos da escolha criteriosa e refletida, independente de eventuais autopredisposições egoicas ou psicossomáticas.

Compartilhamento. Alguns valores são compartilhados entre diferentes grupos de pessoas. A própria cultura é considerada como um sistema social no qual indivíduos dividem certo conjunto de valores comuns.

Democracia. Para a maioria da população dos países democratas ocidentais, por exemplo, a democracia é considerada como valor universal de todo ser humano, algo que não acontece no mundo árabe, onde ainda predominam os regimes ditatoriais (V. **Folha Online**; ***Árabes e Democracia;*** São Paulo, SP; 18.10.03).

Holopensene. Além da Genética e da Paragenética, o *Zeitgeist* de determinado local e época de ressoma tende a exercer forte influência, desde a infância, sobre a formação do sistema de valores da personalidade humana.

Vitoriana. Renascer durante a Era Vitoriana, designação dada ao período do reinado (1837–1901) da rainha Vitória (1819–1901), no Reino Unido, colocava a conscin sob intensa influência de conjunto de valores bem definidos da época, tais como: a autorrestrição sexual; a pouca tolerância para o crime e o código social de conduta pública rigoroso.

Autopredisposição. As influências do holopensene social podem ser, em alguns aspectos, positivos, ao modo da valorização da literatura e o interesse pelas pesquisas sobre o *post-mortem,* também relevantes no período citado, os quais criaram clima favorável à escrita e publicação de obras esclarecedoras pelas conscins predispostas.

Produção. Nessa fase, a produção literária foi muito fértil; foram escritos romances com temáticas parapsíquicas, livros científicos sobre o espiritualismo, dicionários e enciclopédias.

Desviacionismo. O ideal é discriminar os valores pessoais daqueles valores dos diversos grupos aos quais pertence, pois a adoção de valores externos, sejam familiares, grupais, sociais entre outros, sem autorreflexão, pode afastar dos autocompromissos da programação existencial, assumidos no *Curso Intermissivo* (CI) pré-ressomático.

Assedialidade. Os agrupamentos sociais, na sua maioria, ainda se fundamentam em valores ambíguos, quando não claramente negativos e baratrosféricos. Adotar os valores de qualquer grupo humano sem o crivo da racionalidade cosmoética é receita certa para *ser pego* nas teias do assédio interconsciencial.

Sociopatia. Eis, na ordem alfanumérica, 10 exemplos de valores sociais antievolutivos da atualidade e respectivos fatos e fenômenos correlatos, não raro, *mata-burros* para o intermissivista ainda subjugado pelos holopensenes perversores da Socin patológica:

01. **Consumismo:** os modismos; os sonhos de consumo.

02. **Dinheiro:** a *cultura de o dinheiro comprar tudo;* o capitalismo selvagem.

03. **Dominação:** a violência doméstica; os filmes belicistas; as dezenas de guerras em curso pelo mundo.

04. **Fama:** o culto à celebridade; a hipervalorização do reconhecimento social.

05. **Hedonismo:** a *cultura do prazer;* o boavidismo; as drogas *recreativas;* a evitação de todo o desconforto emocional.

06. **Individualismo:** os milhões de adultos-criança (*childults*)*;* a egolatria; o narcisismo; o cabotinismo.

07. **Poder:** a busca pelas posições sociais de destaque; a competitividade interpessoal aética; as superpotências bélicas.

08. **Sexo:** a promiscuidade sexual; a sexualização infantil; os apelos sexuais midiáticos.

09. **Tradicionalismo:** os conservantismos; o bairrismo; os costumes bárbaros.

10. **Vantagem:** o jeitinho brasileiro; a corrupção generalizada.

Antievolutivos. Mesmo após frequentar o CI, a consciência pode ressomar trazendo predisposições patológicas na paragenética pessoal, expressas, por vezes, em valores anacrônicos, ambíguos ou totalmente contrários aos *princípios evolutivos.*

Suscetibilidade. Valores antievolutivos predispõem a autoassédios e às respectivas decorrências danosas. É o caso da valorização exacerbada do reconhecimento social, capaz de deixar a pessoa suscetível a sentir-se desvalorizada, preterida, inferiorizada e consequentemente, magoada, ao passar por situações nas quais supõe não ter recebido a validação do grupo de convívio, considerada merecida.

Paragenética. Por outro lado, quanto maior a força da paragenética sadia da consciência lúcida ressomada, maior a capacidade de fazer prevalecer os próprios valores cosmoéticos, intermissivos, sobre os valores grupais e sociais, quando regressivos.

Valores Intermissivos

Intermissivo. O CI leva a consciex cursista a alcançar o pico máximo de autolucidez, nível atingido pela primeira vez no ciclo multiexistencial pessoal. A neomundivisão da pararrealidade evolutiva desencadeia transformação profunda do sistema de valores pessoais pela inclusão de megavalores evolutivos e cosmoéticos.

Restringimento. Ao ressomar e voltar à intrafisicalidade, o restringimento da autolucidez, típico da vida humana, não raro, ofusca na intraconsciencialidade os autovalores intermissivos mais avançados, muitos dos quais ainda idealizados e não praticados.

Rememoração. O contato com os conceitos da Conscienciologia na dimensão intrafísica desempenha importante ação retrocognitiva nesse sentido, pois tem o poder de reavivar valores intermissivos às conscins predispostas à renovação.

Parapsiquismo. O autoparapsiquismo exerce papel ainda mais relevante, pois permite as experimentações autocomprovadoras da veracidade e validade de tais ideias avançadas, ao modo das parapercepções da megapensenidade cosmoética dos amparadores, das projeções conscientes deslindadoras da multidimensionalidade ou das retrocognições verificadoras das vidas humanas da seriéxis.

Extrapolacionismo. A vivência do parafenômeno do extrapolacionismo parapsíquico, promotor de experiências inabituais e marcantes, em nível superior ao próprio patamar evolutivo, aprofunda o significado de vivenciar certos valores evolutivos, hoje ainda distantes da prática pessoal.

Megafraternidade. Não são incomuns relatos de participantes de cursos avançados de Conscienciologia que expandem a lucidez pelo extrapolacionismo parapsíquico que os levam a ter intenso, mas supertranquilo sentimento de megafraternidade em relação aos seres vivos.

Megavalor. Tal experiência, não raro, se torna referencial homeostático de ideal de vivência a ser buscado a partir de então, representando verdadeiro neomegavalor evolutivo, catalisador e direcionador dos autoesforços, reciclagens e demais manifestações cosmoéticas do intermissivista.

Identificação dos Valores Conscienciais

Autoconsciência. São poucas as pessoas plenamente cônscias quanto aos principais valores direcionadores, na prática, da automanifestação, seja no cotidiano ou em momentos críticos e definidores do destino pessoal.

Identificação. Tendo em vista a *Autoconscienciοterapia,* a reciclagem valorativa começa pela identificação dos autovalores e pode ser realizada tecnicamente em duas etapas básicas:

1. **Experiências.** Elencar vivências pessoais relevantes ao modo de decisões críticas, realizações marcantes, erros, acertos repetitivos ou atividades nas quais dedicou tempo considerável, por exemplo, nos últimos 12 meses.

2. **Mobilizador.** Ponderar com sinceridade e identificar o principal fator intraconsciencial mobilizador atuante no contexto considerado. Tal fator será o próprio valor ou estará diretamente relacionado a ele.

Vivenciologia. Tendo em vista a *Axiologia,* eis, a seguir, na ordem alfanumérica, 10 exemplos de valores conscienciais e respectivas condutas, decisões ou realizações *importantes* fundamentadas a partir deles:

01. **Autoconhecimento:** a resposta das 2.000 questões do Conscienciograma.
02. **Autoevolução:** a mudança para a Cognópolis conscienciológica de Foz do Iguaçu.
03. **Autorreciclagem:** ter sido evoluciente na Organização Internacional de Consciencioterapia (OIC).
04. **Curiosidade intelectual:** a obtenção do título de doutorado.
05. **Diversão:** as visitas anuais à Disneylândia.
06. **Interassistência:** a dedicação ininterrupta por uma década ao voluntariado interassistencial.
07. **Sensualidade:** o guarda-roupa repleto de trajes sedutores.
08. **Sociosidade:** os encontros sociais periódicos e infrutíferos.
09. ***Status* acadêmico:** a obtenção do título de doutorado.
10. **Tares:** a escrita e publicação do livro conscienciológico.

Aparências. Não devemos nos prender às aparências. Duas conscins podem ter alcançado realizações semelhantes, ao modo dos 2 exemplos da listagem anterior na qual a realização foi a obtenção do título de doutorado (itens 04 e 09), mas terem se abalizado em valores completamente distintos, por vezes até cosmoeticamente antagônicos.

Real. Esse procedimento relativamente simples auxilia na identificação dos valores pessoais *reais,* aqueles fundamentados em vivências, diferentes dos valores ideais, aspirados, mas ainda não colocados em prática.

Investigação. Nessa primeira etapa autoconsciencioterápica de investigação, importa encontrar os autovalores mais atuantes e com maior força no direcionamento da automanifestação, independente da sua qualificação cosmoética.

Motivaciologia. A análise das preferências e atividades para as quais se tem automotivação espontânea, também fornece boas indicações à identificação dos valores pessoais reais.

ANÁLISE CRÍTICA DOS VALORES PESSOAIS

Criteriologia. Para acertar o passo em termos evolutivos, não basta apenas conhecer e viver de acordo com os próprios valores, é preciso, antes, avaliar a qualificação evolutiva de cada item do *código de valores pessoais. Há valores antievolutivos.*

Conscienciologia. Nesse sentido, importa a compreensão dos conceitos e *princípios conscienciológicos,* capazes de alargarem o autojuízo crítico e, consequentemente, favorecer a análise dos autovalores com maior discernimento.

Taxologia. Tendo em vista a *Parassemiologia,* a avaliação da qualificação evolutiva de cada valor pessoal pode ser realizada pela especificação de até 9 características entre as 18 dispostas a seguir, em pares antagônicos, ordenados alfanumericamente:

1. **Absoluto / relativo.** O valor é intrínseco, tem valor absoluto por si próprio ou é relativo, dependente do contexto?
2. **Atualizado / anacrônico.** O valor está atualizado para este momento evolutivo ou já está anacrônico na escala de valores pessoais?
3. **Consolidado / parcial.** O valor está consolidado na automanifestação ou é parcial, ainda está em fase de consolidação?
4. **Correto / ambíguo.** Quando o valor é seguido gera acertos e consequências positivas ou possui resultados ambíguos, dependendo da situação?
5. **Homeostático / nosográfico.** O valor é por si só homeostático ou nosográfico?
6. **Paragenético / assimilado.** O valor foi trazido de outras vidas, do período intermissivo, foi assimilado de alguém ou de algum grupo, na atual vida humana?
7. **Racional / emocional.** O valor é resultado de escolha racional ou das preferências emocionais?
8. **Real / fictício.** O valor é verdadeiro ou fantasioso, criado pela imaginação?
9. **Vivenciado / idealizado.** O valor é vivenciado na prática ou é apenas idealizado?

Exemplologia. Eis 2 exemplos hipotéticos de valores conscienciais classificados de acordo com 9 itens, conforme o procedimento apresentado:

1. **Valor – família:** relativo; atualizado; consolidado; ambíguo; homeostático; assimilado; emocional; real; vivenciado.

2. **Valor – interassistencialidade:** absoluto; atualizado; parcial; correto; homeostático; paragenético; racional; real; idealizado.

Mudança. Apesar de serem mais estáveis ao longo do tempo, os valores podem ser modificados e, em tese, a reciclagem intraconsciencial resulta na mudança, para melhor, de algum aspecto do sistema de valores pessoais.

Reciclagem. A análise crítica dos valores com base nesse procedimento também fornece bom direcionamento para a identificação das necessidades prioritárias de autorreciclagem valorativa.

Qualificação. Consoante a *Experimentologia,* a qualificação teórica dos autovalores corresponde a apenas 1% da autorrenovação, os outros 99% ocorrem a partir do autoesforço incessante com intuito de incorporar os valores, total ou ainda parcialmente ideais, na autopensenidade e nas ações diuturnas.

Megaqualificação. Valores evolutivos são qualificados continuamente à medida que se ampliam a autocompreensão e, principalmente, as reciclagens intraconscienciais realizadas a partir das autoexperimentações dos *princípios da Evoluciologia.*

Crescendum. Eis, por exemplo, ordenados alfanumericamente na tabela 1, o crescendo de 10 valores evolutivos iniciais da conscin lúcida e os 10 neomegavalores evolutivos, obtidos como resultado das autoexperimentações teáticas:

Tabela 1 – **Crescendo da qualificação dos valores pessoais.**

Nºs	Valor evolutivo inicial		Neomegavalor evolutivo
01.	Amizade	→	Amizade raríssima
02.	Assistencialidade	→	Interassistencialidade tarística
03.	Autoconhecimento	→	Autocognição seriexológica
04.	Autogescon	→	Automegagescon
05.	Conhecimento	→	Erudição parapsíquica
06.	Dignidade humana	→	Paradignidade
07.	Duplismo libertário	→	Transafetividade
08.	Equilíbrio íntimo	→	Eutimia
09.	Integridade	→	Cosmoética
10.	Parapsiquismo	→	Parapsiquismo interassistencial

Autodirecionamento pelos Valores Evolutivos

Satisfação. Viver de acordo com os autovalores evolutivos é importante forma de obter satisfação com a vida intrafísica, a qual não é para ser fonte de sofrimento, pelo contrário, existe para ser fonte de prazer e de realizações. Tal princípio inteligente se expressa na vivência do *trinômio automotivação-trabalho-lazer*.

Trabalho. Tem crescido nos últimos anos o número de conscins, principalmente das novas gerações, em busca de trabalhos significativos, não somente para ganhar dinheiro, mas, especialmente, para obter realização pessoal conciliando a atividade profissional aos valores pessoais (V. **Neves,** Nina; ***Como encontrar Satisfação no Trabalho;*** Revista Você S/A; SP; 08.08.13).

Comunidade. A comunidade *Escape the City*, com cerca de 190.000 integrantes (Ano-base: 2015), por exemplo, busca fazer a ponte entre empregadores e empregados à procura de trabalhos alternativos, fora do circuito das grandes organizações empresariais, porém que gerem impactos positivos para a Sociedade, incentivem o empreendedorismo ou que ocorram em lugares exóticos (V. http://www.escapethecity.org/).

Qualificação. Contudo, importa atentar para o fato de que viver em consonância com os autovalores pode ser satisfatório sem ser, necessariamente, algo positivo em termos evolutivos. Importa unir autossatisfação e autoevolutividade para a qualificação dos valores conscienciais.

Autoincoerência. Além disso, mesmo possuindo valores evolutivos claramente identificados ou elegidos lucidamente, pode-se ter dificuldades de viver em coerência com eles.

Sintomas. É comum, nesses casos, surgir a sensação de não se estar fazendo algo importante, autodesmotivação ou mesmo infelicidade. São sintomas ou sinais de alerta da divergência entre o caminho seguido na vida e a direção apontada pelos valores conscienciais.

Alerta. Pela ótica da *Proexologia,* a melin ou melancolia intrafísica é importante sinal de desvio proexológico; indica a falta da vivência de acordo com os valores adquiridos no *Curso Intermissivo*, sinalizando para a conscin o erro da rota evolutiva e a necessária correção de condutas, escolhas, atividades, entre outros fatores impactantes na consecução da proéxis.

Indicador. Em contrapartida, o sentimento de mal-estar inicial pode ser monitorado e usado como valioso indicador para se evitar desvios da direção dos valores da proéxis.

Convite. Ao ser convidada para participar de alguma atividade até mesmo atrativa e socialmente valorizada, porém não prioritária no momento evolutivo, a conscin pode sentir imediatamente breve desconforto emocional, indicando o possível desvio de rota e a orientação para recusa do convite.

Discernimento. A automonitorização emocional traz informações sobre os autovalores, mas exige discernimento, pois a primeira reação emocional pode vir com sensações agradáveis por acionar outro valor secundário, por exemplo, no caso do convite, de reconhecimento social, por isso não se pode abster da análise racional do contexto.

Parapercepciologia. Quem usa o autoparapsiquismo e a autossinalética energética amplia exponencialmente a capacidade pessoal de julgamento crítico em tais circunstâncias, pois tem acesso às informações sobre os parafatos, em geral, mais esclarecedoras e está mais predisposto a receber as inavaliáveis orientações dos amparadores extrafísicos.

Etiologia. Eis, na ordem alfanumérica, 5 possíveis causas, embasadas em autoassédios, da falta de vivência teática em consonância com os valores evolutivos:

1. **Autoconflito.** Conflito entre diferentes valores, de variadas categorias.
2. **Autocorrupção.** Manutenção de ganhos secundários anticosmoéticos.
3. **Desconhecimento.** Inconsciência quanto aos valores conscienciais.
4. **Esquiva.** Fuga de emoções desagradáveis surgidas ou intensificadas quando é tomada a direção dos valores conscienciais.
5. **Heteroassédio.** Manipulação de assediadores intrafísicos ou extrafísicos.

Companhias. Há o caso de pessoas cultivando prioritariamente o relacionamento com o amigo sempre disposto a agradar, mas fixado nas autocorrupções, em relação à convivência com o amigo crítico, mas bem-intencionado. Desse modo, coloca a carência afetiva, anacrônica, à frente da convivialidade mentalsomática, mais construtiva e desafiadora.

Conflitologia. O choque entre valores conscienciais pode ocorrer até entre aqueles considerados positivos. Tal evento ocorre, por exemplo, quando a conscin sente autoculpa e dúvidas intermináveis ao não conseguir lidar de maneira satisfatória com as demandas afetivas dos familiares e dos compromissos profissionais ou mesmo do trabalho voluntário interassistencial.

Escala. A definição objetiva da hierarquia entre os valores ajuda na resolução de conflito entre eles, mas deve-se atentar para o fato de que, na vida prática, a prioridade momentânea dada a algum valor específico pode mudar a depender do contexto evolutivo. *Evoluir exige colocar o autodiscernimento em tudo, todo o tempo.*

Intencionalidade. A eventual dificuldade em implementar e fixar neorrotina ou novo hábito evolutivo, não raro, sinaliza algum tipo de autocorrupção ainda presente na intraconsciencialidade.

Autovigilância. Quem está verdadeiramente interessado em consolidar a vivência de neovalores evolutivos deve monitorar a autopensenidade e avaliar a qualidade da própria intenção, principalmente nos momentos quando se vê recuando e agindo de modo divergente deles.

Autoabsolutismo. O autoabsolutismo cosmoético evita os retrocessos de quem está verdadeiramente decidido a dedicar-se ao máximo, de modo continuado, para colocar em prática os autovalores evolutivos na consecução das atividades prioritárias da programação existencial.

Conciliação. Tendo em vista a *Paratecnologia,* é possível ao intermissivista estruturar a própria vida, racionalmente, desde a juventude para facilitar a dedicação, em tempo integral, aos autovalores evolutivos.

Invexologia. Para isso, a Conscienciologia propõe técnicas evolutivas, a exemplo da *técnica da inversão existencial* e a da constituição da dupla evolutiva.

Taxologia. Para tornar a manifestação pessoal mais coerente com os autovalores evolutivos, o ideal é estabelecer previamente ações práticas a serem priorizadas. Eis, na tabela 2, listagem com 10 valores evolutivos e respectivos exemplos de autocomportamentos policármicos a serem assumidos:

Tabela 2 – **Valores evolutivos e respectivos exemplos de autocomportamentos policármicos.**

Nºs	Valor Evolutivo	Autocomportamentos Policármicos
01.	**Afetividade sadia**	Ser afetivo com as pessoas e animais; diminuir as autodefesas emocionais dispensáveis; manter postura acolhedora.
02.	**Amizade**	Cultivar as amizades sadias.
03.	**Autoconhecimento**	Praticar a autopesquisa diária; aceitar e solicitar *feedbacks* e heterocríticas.

04.	**Cosmoética**	Vivenciar as cláusulas do *código pessoal de Cosmoética* (CPC).
05.	**Duplismo**	Cultivar a afetividade mútua; praticar a sexualidade madura; vivenciar a tares em conjunto.
06.	**Equilíbrio íntimo**	Entrar em contato com as emoções pessoais; buscar o autodomínio emocional sem fazer autorrepressões inócuas; pesquisar as autossuscetibilidades emocionais.
07.	**Interassistencialidade**	Focar nas reais necessidades do outro; organizar-se para a prática da tenepes; manter atualizado o diário da tenepes.
08.	**Mentalsomaticidade**	Manter o hábito e as rotinas de leitura, estudo e pesquisa.
09.	**Parapsiquismo**	Mobilizar as ECs; registrar e avaliar continuamente as autoexperimentações parapsíquicas; praticar a projetabilidade lúcida.
10.	**Tares**	Manter rotina de escrita; disponibilizar-se para a docência conscienciológica; agir de acordo com o próprio discurso esclarecedor.

Diferenciação. Valores diferem de objetivos e metas, mas os autocomportamentos policármicos levam a conscin a atingir objetivos e metas evolutivas importantes, por exemplo, o valor da interassistencialidade vivenciado levará o tenepessista, em tempo oportuno, a constituir a autofiex ou oficina extrafísica pessoal.

CPC. Cada autocomportamento policármico associado aos valores evolutivos serve para compor cláusula específica do *código pessoal de Cosmoética.* A vivência de acordo com o CPC, redigido e consultado regularmente, é o maior antídoto antiassediador, aplicado, na prática, pela conscin lúcida.

Capítulo 15

Busca do Neoprazer Evolutivo

Hedonismologia. Os adeptos do hedonismo alegam que o comportamento humano é motivado principalmente pelo desejo de prazer e pelo impulso de evitar o desprazer ou a dor.

Instintividade. A observação dos fatos e parafatos mostra que não se pode negar que a busca instintual da experiência prazerosa, por vezes, determina boa parte das manifestações conscienciais, contudo seria evidente reducionismo simplificador restringir a enorme variedade de motivações da consciência a essa condição instintiva.

Fisiologia. Quanto mais intrafisicalizada, mais a conscin é dirigida pelo *princípio do prazer;* a própria fisiologia contribui para isso, pois reforça positivamente os comportamentos direcionados à manutenção da sobrevivência (alimentação) e da perpetuação da espécie (sexo), gerando no organismo sensações agradáveis, por meio das descargas bioquímicas (neurotransmissores) ativadoras do sistema de recompensa cerebral.

Bonobos. Quanto mais evoluído é o princípio consciencial, maior liberdade tem para experimentar, em diferentes magnitudes, os prazeres. Por exemplo, entre os bonobos ou chipanzés pigmeus, não há obrigatoriamente relação direta entre sexo e reprodução, pois as fêmeas são receptivas sexualmente também fora do período fértil, diferente da maioria das outras espécies de animais, mas comparável ao comportamento sexual humano, mais evoluído.

Taxologia. Pela ótica da *Holomaturologia,* o autodiscernimento estabelece os limites, por vezes tênues, entre o prazer sadio e o prazer patológico, discriminando e classificando-os na experiência prática do dia a dia, por exemplo, em 3 categorias:

1. **Prazer moderado.** A experiência prazerosa a ser moderada e controlada.

2. **Prazer abandonado.** A experiência prazerosa a ser abandonada definitivamente.

3. **Prazer cultivado.** O neoprazer evolutivo a ser cultivado e desenvolvido.

Capacidade. A conscin saudável é dotada da capacidade de sentir prazer de inúmeras formas, nas mais variadas circunstâncias. Obtém satisfação na ingestão do alimento saboroso, sensação compartilhada com os subumanos, companheiros de evolução, mas é capaz também de sentir prazer na abstração intelectual ao ler o livro técnico com ideias esclarecedoras.

Felicidade. Não há mal algum em sentir prazer, muito pelo contrário, devemos desfrutar dos prazeres e alegrias da vida, com moderação, dentro dos limites cosmoéticos, estabelecidos pelo autodiscernimento, respeitando os direitos e paradireitos das demais consciências, pois viemos a esta existência para sermos felizes. *Liberdade traz responsabilidade.*

Fartura. Para a consecução satisfatória da autoproéxis, o intermissivista é desafiado a lidar, de maneira lúcida, com nível de fartura nunca antes havido no Planeta, onde boa parte da população tem fácil acesso às múltiplas fontes de divertimento, lazer e prazer, e milhões de conscins são adeptas do boavidismo.

Autodesempenho. O ideal é procurar vivenciar a condição de equilíbrio dinâmico dos autodesempenhos, aplicando a *técnica da manutenção renovadora,* mantendo as condutas e atividades pessoais evolutivas, contudo, qualificando-as continuamente.

Autoesforço. Ninguém evolui na zona de conforto, sob *sombra e água fresca.* Mudar certos hábitos e rotinas prazerosas, mas anacrônicas e antievolutivas, é trabalhoso, por vezes estressante, exigindo motivação e esforço pessoal.

Comportamento. Eis, por exemplo, na ordem alfanumérica, 12 exemplos comuns de comportamentos fundamentados em algum nível de hedonismo ou boavidismo, incongruentes com os *princípios evolutivos* hauridos no *Curso Intermissivo,* predisponentes à assedialidade interconsciencial e indicadores da necessidade de reciclagem íntima:

01. **Alimentação.** Alimentar-se rotineiramente em excesso, resultando em obesidade.

02. **Bioenergias.** Render-se à preguiça para mobilizar as energias conscienciais no cotidiano.

03. **Postergação.** Ter como hábito postergar as pequenas tarefas pessoais.

04. **Registro.** Não registrar as ideias e experiências pessoais importantes para a autoproéxis.

05. **Relaxamento.** Almejar relaxar por várias horas do dia.

06. **Sedentarismo.** Deixar de praticar exercícios físicos com regularidade.

07. **Sexochacralidade.** Interatuar de modo promíscuo ao trocar energias sexochacrais.

08. **Sono.** Dormir além do preciso, tendo em vista os limites das necessidades típicas para a própria idade cronológica.

09. **Subnível.** Não assumir tarefas e responsabilidades, inevitavelmente trabalhosas, dentro do grupo evolutivo, optando pelo subnível na automanifestação.

10. **Televisão.** Despender horas diárias em frente à televisão assistindo programação inútil ou alienante.

11. **Trabalho.** Esquivar-se dos trabalhos braçais e enfadonhos, mas de responsabilidade pessoal, como aqueles necessários à organização doméstica.

12. **Vícios.** Recorrer às inúmeras fontes de vício da vida humana por lazer, satisfação ou para tentar se anestesiar e minimizar a dor emocional.

Traf*a*rologia. A disposição para o hedonismo, não raro, traf*a*r de raízes holobiográficas, incrustrado no autotemperamento, muitas vezes está presente na conscin que experimentou vidas sucessivas em classes abastadas e nas monarquias.

Desprazer. Para alcançar e manter a condição homeostática do autodesassédio, bem como atingir determinadas metas evolutivas, além de ser necessário abrir mão de certos prazeres, também é preciso se dispor a sentir algum desprazer no cotidiano.

Peso. Para manter o peso corporal controlado, por exemplo, por vezes é preciso dispor-se a terminar a refeição ainda com a sensação desprazerosa de fome.

Autodiagnóstico. Chega o momento em que, para qualificar o autodesempenho proexológico, é essencial o intermissivista identificar eventuais resquícios de tendências hedonistas e do boavidismo em si para erradicá-los, definitivamente.

Principiologia. Aqui entra o traf*o*r do autoabsolutismo e o *princípio cosmoético do que não presta, não presta mesmo e deve ser descartado.*

Neo-hábitos. A sabedoria popular diz que o ser humano se acostuma com tudo na vida, desse modo, a postura mais inteligente é procurar, ativamente, habituar-se a sentir bem-estar e ter satisfação com as coisas benéficas para a autoevolução.

Tabelologia. Sob a ótica da *Recexologia,* eis, por exemplo, na ordem alfanumérica, a tabela 3, com 20 cotejos, entre prazeres anacrônicos ou patológicos, a serem descartados, e neoprazeres evolutivos, frutos de neo-hábitos e neorrotinas a serem conquistados e fixados pela conscin lúcida:

Tabela 3 – **Prazeres Anacrônicos ou Patológicos / Neoprazeres Evolutivos.**

Nos	**Prazeres Anacrônicos ou Patológicos**	**Neoprazeres Evolutivos**
01.	Acumular bens e dinheiro	Praticar o mecenato evolutivo
02.	Assistir exclusivamente com a tacon	Interassistir com a tares
03.	Conversas de botequim	Debates holofilosóficos (*Tertuliarium*)
04.	Encontros sociais estéreis	Encontros sociais construtivos
05.	Escrever poemas	Escrever pensatas e a automegagescon
06.	Férias descompromissadas	Excursões técnicas planejadas
07.	Horas na rede social (*Facebook*)	Horas de leitura técnica
08.	Madrugadas em casas noturnas	Turno mentalsomático antelucano
09.	Ócio improdutivo	Trabalho voluntário
10.	Orgasmo sexual promíscuo	Orgasmo sexual monogâmico
11.	Orgias alimentares habituais	Prato preferido eventual
12.	Ouvir músicas excitantes	Auscultar os autopensenes
13.	Pecadilho mental deleitante	Autodesassédio equilibrante
14.	Reconhecimento social	Autossuperação anônima
15.	Satisfação malévola	Satisfação benévola
16.	Sentir descarga adrenérgica	Pensar neoideia
17.	Ser servido	Servir desinteressadamente
18.	Videotia (novelas, *Big Brothers*)	Videocrítica (documentários, jornais)
19.	Vigorexia	Caminhadas na esteira ergométrica
20.	Voos imaginativos	Autodescoberta realista

Autodomínio. Já na antiguidade, o filósofo ateniense Sócrates (469–399 a.e.c.) ensinava aos discípulos em praça pública sobre a importância de o homem dominar a própria animalidade (*enkráteia*), e perguntava aos discípulos: "quem não discerne o melhor e procura fazer tão somente aquilo que lhe agrada, em que difere dos animais irracionais?"

Capítulo 16

Valorização das Conquistas Pessoais

Autocognição. Se você considera seriamente a hipótese de ter frequentado *Curso Intermissivo* pré-ressomático, ou admite as ideias avançadas da Conscienciologia, não deve esquecer que tal cognição já é valiosa conquista evolutiva, ainda obtida apenas pela microminoria das populações e parapopulações das Socins e Sociexes do Planeta.

Responsabilidade. É muito importante esta condição ser valorizada por nós, colega leitor ou leitora, principalmente para assumirmos a responsabilidade de colocá-la em prática, a favor das inúmeras consciências que ainda não tiveram a possibilidade de acessar esse conhecimento libertário.

Contradições. Nós, seres humanos, somos frequentemente contraditórios em nossos afetos. Somos capazes de despender enormes esforços, por longos períodos, para conquistar o objeto de desejo, contudo nem sempre valorizamos quando o obtemos.

Conflitologia. A evolução se faz por meio de novas conquistas, contudo, não é coerente permitir que a vontade *sadia* de melhorar evolutivamente se torne fonte de conflitos e desequilíbrios íntimos, seja pelo menosprezo do saldo positivo, de menor ou maior magnitude, da *ficha evolutiva pessoal* (FEP), pela maximização dos problemas pessoais ou devido à competição com os compassageiros evolutivos.

Perdologia. Há de se evitar também a tendência autovitimizadora de, após algum erro maior, tropeço ou perda inesperada, condição inevitável na vida humana, minimizar a importância das conquistas, relações e tudo o mais que foi construído até aquele momento evolutivo.

Autoassedialidade. O reconhecimento das realizações pessoais dá sustentação à autoconfiança; desvalorizá-las é conduta autoassediadora, *é gol contra si mesmo.*

Proexometria. O balanço das autorrealizações é ainda instrumento essencial para a aferição do autodesempenho proexológico; serve também para identificar erros e acertos, estimar os próprios potenciais e nortear a definição das próximas metas intraconscienciais e extraconscienciais.

Balanço. Sob a ótica da *Autoevoluciologia,* eis, por exemplo, na ordem alfanumérica, 16 conquistas ou itens de autovivências construtivas a serem listados no balanço de realizações pessoais, lembrados e valorizados pela consciência intermissivista, homem ou mulher:

01. **Amizades:** as verdadeiras; as construtivas; as evolutivas; as raríssimas.

02. ***Código Pessoal de Cosmoética:*** a criação e vivência do *código pessoal de Cosmoética* (CPC); a qualificação da FEP.

03. **Currículo:** as formações acadêmicas e extracurriculares na Socin; a aplicação da *técnica do duplo curso* superior.

04. **Duplismo:** o casal íntimo positivo; a parceria evolutiva exitosa com duplista; a criação e vivência do *código duplista de Cosmoética* (CDC).

05. **Gestações conscienciais:** os artigos científicos publicados; os verbetes da *Enciclopédia da Conscienciologia* publicados; os livros publicados; a automegagescon publicada.

06. **Interassistencialidade:** o exemplo interassistencial dado aos integrantes do grupocarma familiar; as escolhas pessoais fundamentadas no valor pessoal da interassistencialidade; as interassistências compartilhadas; os heterodesassédios; os heteroesclarecimentos.

07. **Materiais:** a residência proexogênica; a constituição do *pé-de-meia;* as assistências com dinheiro; o mecenato evolutivo.

08. **Megarrealizações:** a autodesperticidade; o compléxis; a maximoréxis.

09. **Neocognições alcançadas:** as leituras; as viagens científicas; os debates; as palestras e os cursos frequentados; a neomundividência conscienciológica (a *Weltanschauung* da Conscienciologia).

10. **Parapsiquismo assistencial lúcido:** a prática do estado vibracional (EV); as neoparapercepções; os parafenômenos vivenciados; o epicentrismo consciencial; a Megaparafenomenologia.

11. **Profissão pessoal:** as realizações sociais e assistências intergrupais no exercício profissional.

12. **Recéxis:** as mudanças *a maior* de locais intrafísicos (a radicação vitalícia na Cognópolis), de profissões e de companhias evolutivas.

13. **Recins:** os autodesassédios; as mudanças no temperamento.

14. **Tares parapedagógicas:** a docência conscienciológica; as docências itinerantes; as palestras; *workshops* e os cursos pessoais criados e ministrados.

15. **Tenepes:** o início da tenepes; o decênio da tenepes; o jubileu tenepessológico.

16. **Voluntariado conscienciológico:** as horas, dias, meses e anos de trabalhos voluntários dedicados aos demais; o legado pessoal para as *Instituições Conscienciocêntricas* (ICs); a criação e vivência conjunta do *código grupal de Cosmoética* (CGC) dos voluntários da IC na qual colabora.

Conhecimentos. Tão importante quanto as realizações pessoais é a identificação e a assunção dos autotraf*o*res e habilidades conscienciais, adquiridas e aplicadas para se alcançar tais metas evolutivas.

Autocomprovação. A autoconfiança para se alcançar as realizações evolutivas avançadas se baseia na percepção da autocompetência e nas habilidades pessoais, autocomprovadas a partir da valorização das conquistas pessoais.

Robustez. As conquistas pessoais alcançadas sem autocosmoética são iguais a castelos de areia; a intencionalidade sadia é a verdadeira *cura do concreto* das realizações pessoais.

Capítulo 17

Autoexpressão Afetiva Racional

Autorrepressão. Certas conscins, na maioria portadoras de androssomas, consideram a autoexpressão afetiva como um sinal de fraqueza, inferioridade ou algo vergonhoso a ser evitado ou contido. Típica crença autoassediadora.

Heterorrepressão. Em função do mecanismo de generalização do comportamento, a autorrepressão emocional pode gerar a tendência de criticar e reprimir a expressão afetiva alheia. Essa conduta costuma afastar as pessoas do convívio ou induzindo-as a se comportarem de modo inautêntico, às vezes, por autodefesa a fim de manter a convivência com a personalidade hipercrítica.

Efeito. Além da impossibilidade de dominar emoções reprimidas e desconhecidas, ao bloquear as autoexperimentações emocionais, a conscin também terá maior dificuldade de perceber e sentir a afetividade nos contatos interconscienciais, dificultando o estabelecimento do *rapport interassistencial* e a assimilação simpática (assim) terapêutica.

Recalque. O recalcamento da autoexpressão emocional prejudica a capacidade de dar e receber afeto, descompensando o fluxo sadio das energias cardiochacrais, não raro, desencadeando carência afetiva ou a redução da capacidade de sentir prazer (anedonia). *Dar afeto é doar as energias conscienciais cardiochacrais.*

Taxologia. Pelos *princípios da Parapatologia,* há conscins utilizando mecanismos de defesa intraconscienciais, justificados para si mesmo e para as outras pessoas, com a falsa lógica das racionalizações, para evitar ou fugir do contato com as emoções pessoais incômodas e desagradáveis. Eis, por exemplo, na ordem alfanumérica, 11 categorias de esquivanças:

01. **Esquiva acicativa:** o comportamento pessoal agressivo e intimidante com o intuito de provocar a reação de afastamento das pessoas e evitar o contato afetivo.

02. **Esquiva avaliativa:** o viés cognitivo de minimização da avaliação das possíveis repercussões e dos fatores envolvidos em determinados eventos da vida como forma de minimizar a reatividade emocional.

03. **Esquiva idealística:** a justificativa de estar à procura do parceiro ou parceira ideal, portador de atributos idealizados e inatingíveis, para evitar a insegurança da vivência do relacionamento afetivo real.

04. **Esquiva imaginativa:** o desvio do foco mental dos momentos e experiências do cotidiano causadoras de ansiedades, preocupações e aflições para situações imaginárias e fantasiosas, sejam de criações próprias (fantasias; ilusões) ou não (filmes; novelas; músicas; drogas). (V. **Revista Veja;** ***Escapismo Musical;*** São Paulo, SP; 13.04.05; páginas 150 e 151).

05. **Esquiva intelectiva:** a tentativa de evitar o sentimento de baixa autoestima intelectual pela esquiva de quaisquer atividades nas quais exista a possibilidade de autoexposição mentalsomática, evitando, por exemplo, apresentar publicamente conceitos, ideias ou opiniões pessoais.

06. **Esquiva mnemônica:** a evitação de determinadas lembranças com as quais não se consegue lidar de modo equilibrado, exemplo de mecanismo dificultador das autorretrocognições.

07. **Esquiva neótica:** a manutenção da zona de conforto emocional pela evitação da admissão ou mesmo avaliação de quaisquer ideias novas, diferentes das usuais, com apego arraigado às convenções e tradicionalismos.

08. **Esquiva pela arrogância:** o comportamento compensatório arrogante, altivo ou soberbo como forma de evitar o contato íntimo com o verdadeiro sentimento pessoal de inferioridade e autoinsegurança.

09. **Esquiva práxica:** o mecanismo de ocultar as emoções de si mesmo, a partir da psicomotricidade.

10. **Esquiva refutaciológica:** a fuga do cerne do debate quando este começa a chegar a temas eliciadores da insegurança pessoal.

11. **Esquiva teorética:** a evitação da vivência pessoal direta e da autoexperimentação (*sen* + *ene*), satisfazendo-se apenas com a compreensão teórica (*pen*) dos fatos e parafatos, sempre limitada.

Pseudodomínio. A supressão da autopercepção emocional cria estado patológico de repressão, tanto das emoções patológicas quanto das sadias, levando a conscin a ter a falsa concepção de autodomínio emocional, justamente por não perceber maiores reações emocionais em si mesma.

Suscetibilidade. Não é inteligente do ponto de vista evolutivo tentar suprimir, recalcar, sublimar, esquivar-se ou fugir das emoções, tentando esconder o psicossoma *debaixo do tapete*. Enquanto não admitir e aprender a lidar com as emoções, sejam elas desagradáveis ou não, a conscin ainda estará suscetível ao monopólio das energias do cardiochacra atuando, por vezes, nas situações mais inesperadas e impróprias.

Cardiochacralidade. Eis, por exemplo, na ordem alfanumérica, 13 interferências negativas, de ordem afetivo-sexual, do monopólio do cardiochacra na manifestação consciencial intra e extrafísica:

01. ***Congressus subtilis*** (íncubos e súcubos).
02. **Fascinações.**
03. **Heteroassédios de ordem afetivo-sexual.**
04. **Idealizações afetivas.**
05. **Insatisfações sexuais contínuas.**
06. **Manipulações sexochacrais.**
07. **Paixonites súbitas.**
08. **Parafilias.**
09. **Promiscuidade.**
10. **Seduções holochacrais.**
11. **Sexopensenidade persistente.**
12. **Sexualidade antifisiológica.**
13. **Vampirismo intra e extrafísico** (projetor-vampiro).

Heteroassédio. As manifestações deturpadas da afetividade humana estão entre as maiores fontes de heteroassédios e conflitos interconscienciais. As conscins e consciexes energívoras e assediadores aproveitam-se das brechas cardiochacrais na autodefesa parapsíquica para acessar as conscins-vítimas.

Diagnosticologia. Apesar da interpretação dos sonhos ser tema bastante controvertível, a análise crítica do conteúdo das rememorações do período de sono pode trazer informações importantes para auxiliar o autodiagnóstico da qualidade das interações conscienciais extrafísicas advindas das emoções e desejos reprimidos.

Diferenciação. A experiência com as projeções conscientes favorece a diferenciação das interferências oníricas sem sentido, resultado, por exemplo, da função fisiológica e reparadora do sono na reorganização sináptica, dos enredos de origem extrafísica, fruto de projeções semiconscientes, interpretados como o onirismo pelo cérebro físico.

Exemplologia. Homens ou mulheres, monogâmicos e com vida sexual ativa, eventualmente sonham com relacionamentos afetivo-sexuais extraconjugais. Fica aqui o questionamento para reflexão: tais sonhos são sempre representações fisiológicas, intracerebrais, das fantasias e desejos reprimidos freudianos ou, por vezes, são as reminiscências do período extrafísico da conscin projetada atuando semiconscientemente conforme os desejos, devido à liberdade de ação do psicossoma nas dimensões extrafísicas baratrosféricas?

Tares. O saldo da tarefa assistencial do esclarecimento está relacionado à capacidade de autoexpressão afetiva elevada do assistente no contato com o assistido.

Traf*o*rologia. Eis, por exemplo, na ordem lógica, 4 traf*o*res pró-assistencialidade expressos pelo autodomínio racional e equilibrado das energias do cardiochacra:

1. **Empatia.** A capacidade de compreender a outra pessoa a partir do quadro de referência dela e não do próprio, experienciando de modo vicário os sentimentos, percepções e pensamentos alheios.
2. **Acolhimento.** A capacidade de acolher, aconchegar e amparar fisicamente o assistido.
3. **Assim.** A importância de assimilar as energias do assistido e sentir o que ele está sentindo.
4. **Aglutinação.** A capacidade de atração do líder mentalsomático de congregar consciências díspares para o exercício teático, grupal, da interassistencialidade.

Capítulo 18

Recin Financeira

Vida. É praticamente impossível para qualquer conscin saudável passar pela vida humana sem pensar no dinheiro. Não dá para viver igual ao filósofo cínico Diógenes de Sinope (404–323 a.e.c.) perambulando pelas ruas de Atenas e morando num barril.

Dinheirismo. Enquanto não sobrevir o Estado Mundial, as sociedades e os países serão movidos predominantemente pelo dinheiro. A maior democracia do Planeta neste início do Século XXI, os Estados Unidos da América, é reconhecido como o país dos hiperconsumistas.

Solução. Para muita gente o dinheiro é a solução de todos os problemas, mas ele não compra felicidade, amor ou lucidez.

Bambúrrio. Ainda é muito citada em livros e na mídia a pesquisa da década de 1970 feita pelos psicólogos Philip Brickman (1943–1982) e Donald Campbell (1916–1996) com ganhadores de loteria. Os pesquisadores mostraram que os felizardos voltavam ao nível de satisfação pessoal no patamar anterior ao recebimento do prêmio no período de menos de 1 ano. Concluíram que a felicidade real é uma questão intraconsciencial, pouco afetada, no longo prazo, pelos fatores externos.

Proexologia. Saber lidar com o dinheiro e constituir o *pé-de-meia* ou uma reserva financeira pessoal é essencial para a consecução da programação existencial. A pessoa precisa de tempo livre e espaço mental para se dedicar a fundo, de preferência *full time,* à interassistencialidade.

Catálise. Além da autossustentação econômica, o dinheiro pode realmente catalisar a assistência pessoal. Daí surgem a *conscin large,* a filantropia monetária e o mecenato evolutivo.

Habilidades. Por outro lado, saber ganhar ou administrar recursos financeiros, seja pela desenvoltura em fazer ou gerenciar negócios ou por meio das técnicas para operar nos mercados financeiros, não significa que a conscin domina o cifrão.

Domínio. Quem domina o dinheiro o faz trabalhar para a autoproéxis e o disponibiliza a favor de empreendimentos assistenciais e da melhoria da qualidade de vida das outras consciências.

Desviacionismo. A falta, o excesso ou o envolvimento demasiado com o dinheiro, seja na administração ou nas atividades de acumulação, não raro, representam verdadeiro autoassédio, sendo causa de desvio proexológico.

Autoassédio. O valor excessivo dado ao dinheiro também interfere nas decisões envolvendo a assistencialidade. Muitas vezes, para fazer o desassédio de pessoas, grupos e contextos, as decisões tomadas causam indiscutíveis perdas financeiras, imediatas ou futuras, as quais a conscin dinheirista não consegue assumir, em geral, racionalizando as próprias escolhas para evitar o desfalque, esquecendo-se que *há perdas financeiras pró-evolutivas.*

Posição. Daniel Kahneman (1934–), psicólogo israelense, ganhador do Prêmio Nobel de Economia e pesquisador da *Teoria das Decisões,* alega que, diante de questões que envolvam recursos financeiros e investimentos, as conscins costumam mudar de comportamento e aqueles que lidam com dinheiro tendem a colocar as pessoas em segundo plano nas tomadas de decisões.

Lucidopensenidade. Para os amparadores, as pessoas sempre estarão em primeiro lugar em quaisquer avaliações racionais, os recursos, os patrimônios, os bens ou os ativos disponíveis devem ser aplicados, antes de tudo, para o bem das consciências em geral.

Conexão. Ao colocar as variáveis econômicas à frente da interassistência, inibe-se a conexão mais permanente com o próprio amparo de função, principalmente quando for necessário abrir mão do dinheiro ou aplicá-lo em empreendimentos sem retorno financeiro, mas com rendimentos evolutivos em nível pessoal e grupal.

Conflitologia. Diversos conflitos intra e interconscienciais têm base em questões financeiras. Para assistir e resolver o conflito, não raro, é preciso *colocar a mão no bolso.*

Caso. Há conflitos interconscienciais por valores irrelevantes, como o caso de vizinhos que entraram na justiça por uma causa de 400 reais. Até que ponto a melhor conduta do juiz mediador não seria doar o dinheiro, do próprio bolso, e acabar com o problema realizando o desassédio? *A Cosmoética está acima dos protocolos da Justiça Humana.*

Miserê. O combate à mesquinhez, à condição de *miserê* e de falta de automagnanimidade demanda reciclagem intraconsciencial profunda, quando esses traços fazem parte do temperamento pessoal. Eis, por exemplo, na ordem alfanumérica, 16 posturas pessoais indicadoras da necessidade de algum nível de recin financeira:

01. **Assistência.** A dificuldade em fazer assistência com dinheiro.

02. **Assunto.** Ter, de modo recorrente, como assunto principal nas interlocuções dinheiro, negócios e aplicações financeiras.

03. **Bens.** Avaliar os bens dos outros a menor e os próprios a maior.

04. **Compras.** Comprar do bom e do melhor para si e somente coisas simples, de segunda categoria, para os outros.

05. **Contas.** Esquivar-se de pagar sozinho, mesmo as pequenas contas, no convívio social.

06. **Desconto.** Pedir desconto, indiscriminadamente, em qualquer compra, muitas vezes desvalorizando o trabalho alheio.

07. **Falta.** Estar frequentemente sofrendo ou reclamando pela falta de dinheiro.

08. **Ganância.** Querer enriquecer rapidamente, sem o devido autoesforço, pelo jeitinho ou buscando o caminho mais fácil.

09. **Objetos.** Habituar-se a acumular objetos de algum valor, mas sem serventia para si, porém que poderiam fazer diferença para outras pessoas.

10. **Oportunismo.** Colecionar cupons de prêmios e querer receber brindes desnecessários.

11. **Perdas.** Ter dificuldades em assumir perdas financeiras.

12. **Presentes.** Não priorizar, ou mesmo não gostar de dar presentes.

13. **Prioridade.** Considerar que primeiro deve conquistar a independência financeira, para depois dedicar-se à interassistência.

14. **Profissão.** Escolher carreira ou profissão com base apenas nos possíveis retornos financeiros.

15. **Retribuições.** Aceitar de bom grado que os outros paguem a sua conta, sem sentir necessidade de retribuir.

16. **Usufruto.** Não usufruir dos próprios bens e recursos financeiros acumulados.

Autossuperação. A conscin empenhada em superar tais traf*a*res não deve medir esforços, inclusive pedir auxílio de terceiros (amigos, duplista, consciencioterapeuta), se for o caso, para identificar e assumir, com o maior realismo possível, as causas da automanifestação antievolutiva e dinheirista.

Autoconscienciometria. Eis, por exemplo, na ordem alfanumérica, 10 traf*a*res, possíveis causadores de dificuldades pessoais para lidar de modo sadio, cosmoético e interassistencial com o cifrão:

01. **Autoinsegurança.** Falta de confiança nas próprias qualidades e capacidades.

02. **Avareza.** Apego excessivo ao dinheiro e às riquezas.

03. **Carência.** Necessidade de suprir carências diversas.

04. **Cupidez.** Cobiça imoderada de bens, riquezas e honrarias.

05. **Egoísmo.** Interesse apenas pelo próprio bem-estar.

06. **Ganância.** Desejo exacerbado de ter ou de receber mais do que os outros.

07. **Hedonismo.** Necessidade de experienciar prazeres continuamente.

08. **Materialismo.** Visão materialista e imediatista da vida.

09. **Poder.** Vontade de poder (*wille zu macht*).

10. **Vantagismo.** Querer levar vantagem e *se dar bem* em todas as situações.

Energia. *Dinheiro é energia.* Quem não o possui, limita a própria assistência; quem o acumula, pensando somente em si, se intoxica; quem doa e o movimenta a favor dos outros, enriquece.

Capítulo 19

Condutas para o Autodesassédio Psicossomático

Pensenes. Quem age sem pensar atua movido pelas próprias emoções instintuais. Quem usa a razão ou a faculdade de raciocinar, apreende, compreende, pondera, critica, julga e avalia as coisas com autodiscernimento. *Não há evolução sem racionalidade.*

Sabotagem. Muitas pessoas acreditam estarem conduzindo a vida por meio de decisões lógicas e refletidas, porém não percebem as emoções, memórias, desejos infantis, a preguiça mental ou a acriticidade, sabotando, sub-repticiamente, a elaboração racional da autopensenização.

Orientação. A pessoa dominada pelo autoassédio de base emocional pode planejar a melhor forma de proceder em eventuais circunstâncias críticas futuras. Na vivência de tais situações pode até mesmo avaliar racionalmente o que se passa, contudo, na prática, não se contém, agindo de modo impulsivo, guiada pela emocionalidade.

Raiva. Há quem defenda que toda emoção tem uma função biológica positiva; a raiva, por exemplo, teria o objetivo de energizar a conscin para buscar a defesa de seus interesses e surgiria como resultado da percepção de restrição externa ao bem-estar pessoal ou à tentativa de se concretizar algum plano.

Problema. Ter planos, expectativas ou querer manter o bem-estar, faz parte da manifestação humana sadia, contudo a reação raivosa à frustração não, pois costuma trazer consequências negativas para a conscin e para as pessoas a sua volta, sem contar os possíveis heteroassédios.

Minicognição. Tal reatividade comprova a falta de autocontrole sobre as emoções básicas e é reflexo de formas de pensenizar simplistas e egocêntricas, por exemplo, com a ideia de que os objetivos pessoais devem ser atingidos incondicionalmente e qualquer coisa ou ser que tente impedir tal intento devem ser confrontados. Tais abordagens nivelam o Homem ao animal subumano, no mínimo; denota a existência do belicismo na intraconsciencialidade.

Autodomínio. O autodesassédio psicossomático se faz pelo esforço consciente no domínio das próprias emoções, sem autorrepressões, mas por intermédio de autorreflexões e ponderações, separando, com lógica, a influência das emoções das decisões racionais evoluídas.

Taxologia. Pelos critérios da *Autodesassediologia,* eis, por exemplo, na ordem alfanumérica, 21 posturas ou condutas da conscin lúcida em prol da racionalização das emoções pessoais e do autodomínio psicossomático:

01. **Adrenalina.** Conviver com a adrenalina enquanto reação somática eventual.

02. **Antiacobertamento.** Não acobertar de si mesmo as próprias emoções desagradáveis.

03. **Antiafobação.** Organizar-se ao máximo para não precisar fazer as coisas *na correria,* com pressa.

04. **Anticonflitividade.** Não se deixar contaminar pelos pertúrbios dos outros.

05. **Antidesdramatização.** Desdramatizar, logicamente, fatos e parafatos.

06. **Antiexpectativa.** Manter-se sem expectativas, não exigindo nada de ninguém.

07. **Antivitimologia.** Não se permitir pensar mal de si mesmo, em nenhuma circunstância.

08. **Autocontenção.** Conter, de modo atóxico, as próprias emoções negativas.

09. **Autodescondicionamento.** Descondicionar, pouco a pouco, as reatividades emocionais dispensáveis aprendidas, nesta ou noutras existências.

10. **Autoimperdoamento.** Não se permitir repetir as mesmas reações irracionais e impulsivas já mapeadas.

11. **Autorreflexões.** Implantar o hábito da autorreflexão disciplinada sobre a manifestação emocional.

12. **COC.** Vivenciar a condição de cético-otimista-cosmoético.

13. **Desassombro.** Desenvolver o desassombro racional ante as realidades intrafísicas e extrafísicas.

14. **Desencadeadores.** Reconhecer os fatores desencadeantes da autorreatividade emocional.

15. **Grupocarmalogia.** Elencar as reações emocionais patológicas aprendidas no convívio familiar e social.

16. **Heteroperdoamento.** Perdoar, antecipadamente, as falhas e os erros alheios.

17. **Holomnemônica.** Fazer evocações mnemônicas somente homeostáticas.

18. **Humor.** Manter o bom humor em alta.

19. **Perfilologia.** Identificar os estados emocionais mais comuns em si mesmo.

20. **Prospectivologia.** Prever reações e comportamentos alheios.

21. **Sinais.** Atentar aos minissinais somáticos de alerta para o surgimento de estados emocionais pessoais.

Capítulo 20

Redução da Autoconflituosidade

Definição. O *autoconflito* é o estado ambivalente de tensão ou sofrimento, acompanhado de dúvida, indecisão, imprecisão, incerteza ou obscuridade, causado pelo choque de interesses, ideias, forças emocionais ou motivacionais, incompatíveis, antagônicas ou mutuamente excludentes na intraconsciencialidade.

Sinonimologia: 01. Conflito intraconsciencial. 02. Autoconflitopatia. 03. Endoconflito. 04. Conflito pessoal; conflito íntimo; conflito interno; conflito interior. 05. Conflito intrasubjetivo; conflito intrapsíquico. 06. Conflito mental; conflito ideativo. 07. Aflição íntima. 08. Crise existencial. 09. Autoperturbação; pertúrbio. 10. Antinomia.

A Condição Intrínseca dos Autoconflitos na Experiência Humana

Escolha. Diariamente, fazemos pequenas escolhas que de certa forma definem nosso destino, a exemplo da opção alimentar diária impactante na saúde no longo prazo e das companhias com as quais escolhemos conviver, capazes de influenciar o que pensenizamos e fazemos.

Críticas. Eventualmente, também somos confrontados com a necessidade premente de tomar decisões críticas, as quais parecem dividir a vida em 2 momentos distintos, o antes e o depois delas. *A vida é feita de mini e maxiescolhas.*

Dúvida. Nesses momentos de destino pode surgir a dúvida, a qual se torna persistente e desconfortável, difícil de ser sanada, mesmo após ponderadas diversas alternativas de solução.

Decidologia. Parte das incertezas, inseguranças, pusilanimidades, entre outras reações comuns nas situações de decisão se devem às características ínsitas ao processo decisório, pois em geral, a conscin decisora não possui informações completas sobre todas as opções e os respectivos resultados possíveis da escolha, e frequentemente não percebe claramente as diferenças sutis entre as alternativas disponíveis.

Irracionalidade. Além disso, diversamente do que se possa imaginar, a conduta padrão da maioria das conscins é decidir com base em emoções, estando longe de serem racionais diante de determinado problema.

Deturpação. A questão não é desconsiderar as emoções pessoais nas escolhas, algo essencial para o processo decisório homeostático, como argumenta Damasio (2003), mas decidir conduzido por emoções ou instintos, deturpando o julgamento racional.

Ignorância. O conflito existencial magno, a dúvida mortificadora ou mesmo aquele miniconflito íntimo passageiro, expõem de algum modo, o nível da ignorância pessoal, seja quanto ao Universo ao derredor, seja em relação a si mesmo.

Tematologia. As pessoas sentem-se em conflito por inúmeras razões, mas existem temáticas mais frequentes nos enredos conflitivos, ao modo dessas 7, expostas a seguir, na ordem alfanumérica:

1. **Dinheiro.** A preocupação monopolizadora com o *vil metal,* seja pela necessidade de segurança econômico-financeira (sobrevivência) ou pelos ideais de consumo material. *Daí advém a importância da constituição do pé-de-meia.*
2. **Ignorância.** A ignorância evolutiva, causa primária de todos os conflitos. *Daí advém a importância dos esforços mentaissomáticos contínuos para a redução da ignorância pessoal.*
3. **Poder.** A busca pelo poder temporal dentro do grupo social. *Daí advém a importância de alcançar a condição de minipeça lúcida dentro do maximecanismo multidimensional interassistencial.*
4. **Reconhecimento pessoal.** A necessidade insatisfeita de ser aceita, reconhecida ou valorizada pelo grupo social. *Daí advém a importância da autossuficiência evolutiva.*
5. **Relacionamento amoroso.** A idealização dos relacionamentos amorosos; as carências; a infidelidade. *Daí advém a importância da vivência do duplismo libertário.*
6. **Relacionamentos familiares.** As incompreensões, as desafeições e os dramas entre os elementos do grupocarma familiar (interprisões grupocármicas). *Daí advém a importância do binômio autoimperdoamento-heteroperdoamento.*
7. **Trabalho.** As dificuldades pessoais, interpessoais entre outras frustrações típicas do ambiente profissional. *Daí advém a importância da vivência do trinômio automotivação-trabalho-lazer.*

Contaminação. Certos conflitos têm o potencial de extrapolar o universo íntimo e atingir outras consciências; é o que ocorre quando a conscin conflituosa, intoxicada emocionalmente por si mesma age agressivamente com as pessoas à sua volta, aumentando a entropia dos holopensenes onde frequenta.

Conflitologia. Hostilidades interpessoais, brigas e guerras, entre outros megaconflitos intergrupais, derivam do estado de conflituosidade íntima das consciências envolvidas.

Diagnosticologia. A agressividade evidente ou não, ainda presente, em geral, nas manifestações individuais e grupais, mostra que a autoconflituosidade ainda permeia a vida íntima da maioria dos componentes da Humanidade.

Identificação dos Autoconflitos

Taxologia. Tendo em vista o universo da conflitividade na experiência humana, eis, por exemplo, na ordem alfanumérica, 10 categorias de conflitos intraconscienciais:

01. **Conflito de abordagem-abordagem:** advindo da escolha entre 2 objetivos igualmente desejáveis, mas incompatíveis. Exemplo: o desejo de manter o relacionamento afetivo gratificante e estável ou aceitar a atraente proposta de trabalho no exterior.

02. **Conflito de abordagem-evitação:** ambivalência surgida quando o objetivo apresenta aspectos ou consequências tanto desejáveis quanto indesejáveis. Exemplo: a mudança de domicílio para a cidade repleta de oportunidades de crescimento pessoal e a consequente diminuição do contato frequente com a família consanguínea.

03. **Conflito de autoimagem:** situação de autoconflito causada pela divergência entre a autoimagem idealizada e a imagem pessoal pública. Exemplo: o executivo considerando-se o mais preparado para assumir o cargo de liderança recentemente vago na empresa, sendo preterido pelo colega, considerado por ele como menos competente, mas preferido pelos diretores da corporação.

04. **Conflito de evitação-evitação:** situação de autoconflito envolvendo a escolha entre duas alternativas igualmente desagradáveis. Exemplo: a dúvida do administrador que perdeu dinheiro do cliente no mercado financeiro entre informá-lo imediatamente ou aguardá-lo procurar informações sobre o resultado do investimento.

05. **Conflito de intenções:** situação de autoconflito na qual se reconhece ter duas ou mais intenções divergentes, competidoras, de qualidades incompatíveis. Exemplo: a pessoa integrando equipe interassistencial, de fato interessada em ajudar, porém não desprovida do intuito de obter algum benefício pessoal, secundário e egocêntrico.

06. **Conflito de papel:** estado de tensão ou sofrimento causado por expectativas inconsistentes ou discordantes associadas com o papel pessoal, social ou grupal. Exemplo: o estado de frustração por não ter as opiniões acatadas e seguidas pelo grupo social, no qual se considera com papel de relevo.

07. **Conflito de valores:** situação de autoconflito surgida devido à competição entre 2 ou mais itens do sistema de valores pessoais. Exemplo: o valor pessoal da honestidade e o da independência econômico-financeira, confrontados ante a proposta de negócio eticamente duvidoso.

08. **Conflito desejo-razão:** situação de autoconflito advinda da incompatibilidade ou antagonismo do desejo pessoal ante o ideal racional para o momento evolutivo. Exemplo: o forte impulso pessoal para consumir determinada droga, quando consciente da importância da abstinência devido ao mal que o vício tem trazido para si e para as companhias pessoais.

09. **Conflito realidade-crença:** situação de autoconflito entre as crenças pessoais e os fatos ou parafatos experienciados (dissonância cognitiva). Exemplo: o projetor consciente com dificuldade em abandonar a crença cristã, incoerente com os parafatos observados nas autoparavivências.

10. **Conflito religioso:** situação de autoconflito na qual se expressa o antagonismo entre o ponto de vista religioso e outra situação desejável. Exemplo: a dúvida da mãe, adepta da religião contrária à transfusão de sangue, sobre permitir ou não a aplicação do procedimento no filho acidentado, correndo risco de vida.

Criticidade. Os autoconflitos mais perceptíveis, em geral, são aqueles advindos da necessidade de decisão sobre aspecto da vida considerado importante e causador de sofrimento emocional, porém, esses não são os únicos e, nem sempre, os mais críticos evolutivamente.

Dificuldade. A dificuldade em tomar alguma decisão existencial não é ocasionada apenas pela falta de conhecimento das variáveis do problema ou da ausência de método decisório adequado. Frequentemente, está assentada no conflito intraconsciencial sustentado por autoassédio desconhecido.

Autoassédios. Não somente a necessidade de tomar decisões gera estados de autoconflituosidade. Os autoassédios, por si sós, colocam a conscin em conflito consigo mesma e com as pessoas à sua volta.

Tensão. Por outro lado, a pessoa pode experimentar tensões conflitivas sem se abalar emocionalmente com isso ou manifestar autoassédios.

Conflitograma. A *técnica do autoconflitograma* ou a pesquisa avaliativa, por meio da análise crítica e registro da automanifestação conflituosa, é procedimento eficiente para a ponderação do grau e modalidade da conflituosidade pessoal.

Microtomia. Para a avaliação crítica dos autoconflitos, também é indicada a *técnica do micrótomo consciencial*, ou seja, a análise microscópica, exaustiva e detalhista das ramificações da manifestação conflituosa na intraconsciencialidade, identificando as cognições, as emoções, as intenções, os preconceitos e os conceitos anacrônicos ou errados sustentadores do conflito.

Sinais. Eis, por exemplo, na ordem alfanumérica, 7 sinais comuns da existência de algum tipo de conflito na intraconsciencialidade a ser considerado na aplicação das duas técnicas referidas anteriormente:

1. **Adrenalina.** Manifestar-se dominado pela adrenalina (mãos trêmulas).
2. **Contágio.** Contagiar-se pelo conflito alheio.
3. **Desafeição.** O ato de *virar a cara* para a pessoa do convívio social.
4. **Dúvidas.** Permanecer em estado de incerteza ou dúvida.
5. **Heterocontágio.** Ser fonte geradora de conflitos infrutíferos nos outros.
6. **Insônia.** A dificuldade de dormir devido às preocupações inafastáveis.
7. **Irritabilidade.** Manifestar irritação.

Arrefecimento da Autoconflituosidade

Irresolutividade. Em certos casos, o estado conflitivo duradouro de quem não consegue se decidir pode trazer mais mal do que os possíveis ônus de quaisquer das escolhas disponíveis.

Indecisão. Os assediadores aproveitam-se da condição aflitiva gerada pela indecisão, intensificando o componente emocional (*sen*) da pensenidade para dominar e vampirizar a conscin vulnerável.

Murismo. Igualmente vulneráveis encontram-se as conscins *muristas,* por não se posicionarem e evitar se comprometerem claramente com algo, buscando *tirar partido* de todas as frentes possíveis.

Relutância. Em tal condição encontra-se a pessoa mística, conhecedora dos *princípios da Conscienciologia,* reconhecidos por ela como evolutivos e universalistas, relutante em abrir mão das práticas anacrônicas relacionadas à crença pessoal, não raro, fazendo *adaptações* espúrias das verpons para sentir-se mais confortável com as autocorrupções.

Estagnação. Enquanto permanece aberta às influências pensênicas dos guias cegos, terá dificuldade para renovar a autopensenidade, criar neossinapses e realizar a tão necessária recin, continuando estagnada evolutivamente.

Amparadores. Ao manter *um pé em cada barco,* não cria ambiente favorável para a atuação dos amparadores, os quais não se acumpliciam com a autocorrupções dos assistidos.

Redução. O posicionamento sobre a questão pessoal problemática tem o potencial de interromper a heteroinfluenciação patológica pela redução ou eliminação do sofrimento causado pelo conflito, ao menos, temporariamente.

Autocosmoética. Logicamente, somente fazer escolhas indiscriminadamente não resolve o problema do heteroassédio sobre a conscin, principalmente quando estão *em jogo* aspectos morais. Os limites entre a autocorreção e a autocorrupção são bem definidos, estando de um lado os amparadores, e do outro, os guias cegos e assediadores.

Pseudossoluções. Os mecanismos de defesa também devem ser investigados e evitados, pois somente trazem harmonia artificial e temporária, tais como se esquivar do contato com as pessoas ou atribuir os problemas internos ao mundo exterior (externalização; projeção).

Posturas. Importa considerar as posturas cosmoéticas de fato favoráveis à redução definitiva da autoconflituosidade, ao modo desses 6 exemplos, apresentados a seguir, na ordem alfanumérica:

1. **Autoaceitação.** Admitir e aceitar a realidade pessoal, sem autocorrupções.
2. **Autorreflexão.** Qualificar a autocrítica pela intensificação da prática da autorreflexão, maior antídoto da conflitividade.
3. **Heterorrespeito.** Respeitar profundamente o livre-arbítrio alheio (heteroaceitação incondicional).

4. **Incertezas.** Reconhecer a vida humana como fundamentada em incertezas e que, no máximo, e em alguns casos, é possível reduzir a probabilidade da ocorrência de condições adversas consigo ou no entorno pessoal.

5. **Prospectivologia.** Habituar-se a prever e antecipar-se aos comportamentos das pessoas, aumentando a cosmovisão nos contextos vivenciados. *O desperto antecipa.*

6. **Racionalidade.** Assumir o desprazer de abrir mão de certos desejos, em prol das opções mais racionais, por vezes custosas de serem implementadas.

CPC. Tendo em vista a *Autodesassediologia,* a incorporação de tais condutas de autorretidão como cláusulas no *código pessoal de Cosmoética* (CPC) vivenciado é caminho para se atingir a condição da desassedialidade permanente.

Biologia. A experiência de vida e a própria Biologia Humana também contribuem para a redução da autoconflituosidade. As mudanças hormonais a partir da meia-idade, por exemplo, favorecem maior acalmia. No caso da mulher, a mudança pode ser ainda maior devido à menopausa e o consequente término da ação, não raro, draconiana dos hormônios sobre as emoções e o comportamento ginossomático.

RESOLUÇÃO DO AUTOCONFLITO

Energia. É comum pessoas bem-intencionadas despenderem enorme quantidade de energia na tentativa de resolver conflitos íntimos, muitas vezes, permanecerem dando voltas em torno de si mesmas, sem sair do lugar.

Autoassedialidade. O ressurgimento da mesma dúvida ou da situação conflituosa semelhante sinaliza que o problema foi tratado superficialmente e os fatores intraconscienciais (autoassédios latentes), reais causadores do conflito, ainda estão presentes.

Mediocridade. Se, por exemplo, foi tomada alguma decisão desconsiderando os valores pessoais tão somente para agradar alguém ou seguir a conduta normal esperada pelo grupo social, mais cedo ou mais tarde, a conscin tenderá a sentir-se novamente insatisfeita.

Desmotivação. Outro efeito possível é a pessoa ficar desmotivada e ter dificuldade em se dedicar com afinco ao caminho escolhido. *A vivência de acordo com os próprios valores sustenta a automotivação.*

Indefinição. Conscientizar-se dos valores e princípios pessoais e decidir sobre as questões importantes da vida com base neles é inegável avanço no autoconhecimento, contudo ainda não garante a resolução definitiva da autoconflitividade.

Cosmoeticologia. Princípios e valores pessoais não são, por definição, cosmoéticos (vide o *princípio de Talião*) e enquanto houver anticosmoética na automanifestação, ainda surgirão conflitos internos.

Retorno. Tendo em vista a *lei do retorno* ou *de causa e efeito,* as ações anticosmoéticas, a seu tempo, alcançarão o agente autocorrupto, criando novos problemas, trazendo heteroassédios e conflitos intra e extraconscienciais.

Fundamentação. A decisão definitivamente eliminadora da autoconflituosidade é aquela fundamentada no autodiscernimento e nos valores e *princípios cosmoéticos.*

Os Benefícios do Autoconflito

Importância. Apesar do sofrimento e dos demais efeitos adversos dos autoconflitos, eles são importantes para a evolução, pois impulsionam a recin e fazem até mesmo os mega-assediadores buscarem a melhoria íntima.

Alerta. Considerando a *Autodesassediologia,* os autoconflitos, bem como o mal-estar causado por eles, não raro, denunciam patologias da intraconsciencialidade, inclusive aquelas ignoradas, sendo, deste modo, providenciais sinais de alerta a serem considerados por quem está empenhado na conquista e manutenção da própria desassedialidade.

Reciclologia. O próprio processo de reciclagem também é conflitivo, pois mesmo com autêntica intenção e vontade de mudar, sair da acomodação do padrão conhecido de pensenidade e dos hábitos enraizados pode gerar crises, dúvidas e estados emocionais desagradáveis.

Taxologia. Eis, por exemplo, na ordem alfanumérica 10 categorias de conflitos típicos da reciclagem intraconsciencial:

01. **Conflito de autorrendimento:** ineficácia evolutiva habitual / autorrendimento evolutivo trabalhoso.

02. **Conflito de conceitos:** crença anacrônica / verpon atualizadíssima.

03. **Conflito de intenções:** intenções anticosmoéticas / intenções cosmoéticas.

04. **Conflito de prazeres:** prazer patológico / neoprazer evolutivo.

05. **Conflito de preferências:** preferências baratrosféricas arraigadas / preferências evolutivas idealizadas.

06. **Conflito de princípios:** princípios sectários / princípios universalistas.

07. **Conflito de relacionamentos:** retrocompanhias patológicas / neocompanhias sadias.

08. **Conflito de reperspectivações:** retroconquistas anteriormente almejadas / retroconquistas atualmente lamentadas.

09. **Conflito de valores:** valores egocêntricos / valores interassistenciais.

10. **Conflitos de objetivos:** objetivos temporais / objetivos evolutivos.

Autorreflexão. A recin começa pela autorreflexão sobre os *princípios cosmoéticos,* primeiro aumentando a conflituosidade ao tornar a conscin mais lúcida para a própria realidade e autocorrupções.

Autoconstrangimento. Nesse estágio, a cada pequena ação contrária à Cosmoética, agora adotada como ideal racional, advém na intimidade do microuniverso consciencial o desconforto moral.

Vivência. No segundo momento, a conscin lúcida descobre teaticamente que para alcançar a paz íntima definitiva, a verdadeira felicidade, a única solução viável é acatar a própria racionalidade e buscar tecnicamente, de modo prioritário, viver de acordo com os valores existenciais hauridos no *Curso Intermissivo* (CI).

Tempo. Quanto mais for protelado o movimento de mudança intraconsciencial, inevitavelmente, maiores serão as crises de sofrimento vindouras (megaconflitos). Sempre compensa evolutivamente enfrentar a si mesmo e empenhar-se na realização das autorreciclagens indispensáveis.

Autoinconflituosidade: Megameta Evolutiva

Comparação. A ausência de conflituosidade íntima não é sinal inequívoco de saúde consciencial; a personalidade patológica sem autoconflito, costuma estar em condições piores, em termos evolutivos, quando comparada à conflitada.

Amoralidade. Exemplo de tal fato é o psicopata amoral, egocêntrico e sem empatia, tirando proveito e fazendo o mal para as outras pessoas, sem se afetar pessoalmente com isso, ainda muito distante da recin.

Raridade. A autoinconflituosidade homeostática é rara, mas existe. Negar a possibilidade de viver sadiamente, sem conflitos desequilibradores, como fazem alguns estudiosos da personalidade, só mostra o nível de ignorância pessoal quanto aos potenciais evolutivos conscienciais.

Autodefesa. Possivelmente, a autodefesa instintiva dos autotraf*a*res sustentadores da realidade conflituosa enceguece tais personalidades para a possibilidade de haver consciências mais avançadas e equilibradas que elas.

Imperturbabilidade. Absorvidos pelas autorrestrições, ainda não se dão conta da existência do Serenão ou *Homo sapiens serenissimus,* modelo evolutivo de autoinconflituosidade, mantendo a autolucidez e a autoimpertubabilidade, o tempo todo.

Paradoxologia. O Serenão é o megaexemplo do paradoxo de quanto mais evoluída é a consciência mais envolvida estará em conflitos de outras consciências sem se abalar, na sua vida intrafísica e multidimensional, dedicada *full time* à interassistência.

Ataraxia. O caminho da ataraxia, concebido como a imperturbabilidade perante circunstâncias, contingências, realidades ou pararrealidades, de origens intra ou extraconscienciais, ideal de estoicos, céticos, epicuristas e de pensadores de diversas outras escolas filosóficas, somente é atingido pelo predomínio da racionalidade aliada aos *princípios cosmoéticos* e pelo autodomínio das emoções, mas sem autorrepressões, autocastrações e visando a extinção da autoconflituosidade.

Seção III

Autodefesa Interconsciencial

Capítulo 21

Sinais do Assédio Grupal

Revés. Qualquer atividade ou empreendimento grupal interassistencial pode sofrer revezes e contrafluxos, principalmente nas fases iniciais de implantação e de consolidação. Muitas vezes, o florescimento ou não da iniciativa cosmoética depende da competência e discernimento dos líderes para intervir no momento certo e da forma adequada.

Intervenciologia. Essa intervenção pode significar tanto o incentivo ou a neoideia apresentada na hora mais apropriada para catalisar as atividades, como o heterodesassédio individual ou mesmo grupal, a partir das energias conscienciais e do autoposicionamento cosmoético inequívoco, quando surgem eventuais infiltrações assediadoras visando afetar as conscins da equipe de trabalho.

Resolução. É mais fácil e efetivo resolver situações conflituosas ou mesmo francamente assediadas quando identificadas no começo do processo da infiltração assediadora.

Analogia. Conflitos são iguais a células cancerígenas crescendo e se multiplicando, envolvendo, pouco a pouco, cada vez mais pessoas e tornando-se mais graves e de difícil resolução. Quanto antes for feita a intervenção, no caso, paraterapêutica, menores serão os danos colaterais para os envolvidos. *A vivência da paraprofilaxia multímoda caracteriza o ser desassediado permanente total.*

Sinais. As manobras sorrateiras dos assediadores extrafísicos deixam rastros, por isso, importa à conscin lúcida, aspirante a líder interassistencial, não negligenciar ou minimizar tais sinais de alerta, sejam eles contextuais, intraconscienciais, interpessoais, físicos ou extrafísicos. Aqui vale ressaltar a importância do desenvolvimento da autossinalética parapsíquica.

Taxologia. Eis, por exemplo, na ordem alfanumérica, 17 possíveis sinais de infiltrações assediadoras nos empreendimentos grupais assistenciais, a serem identificados e mitigados, o quanto antes, pela conscin líder desassediadora:

01. **Afastamento.** Afastamento ou desligamento paulatino ou abrupto de conscins importantes para a equipe de trabalho assistencial.

02. **Antagonismo.** Acumulação de divergências e críticas não resolvidas entre os colegas da equipe.

03. **Autoconstrangimento.** Surgimento do autoconstrangimento cosmoético mínimo de integrantes em determinados contextos ou em relação a certas decisões grupais.

04. **Comunicação.** Dificuldades de estabelecer comunicações emergenciais com a pessoa-chave relacionada a determinado problema grupal.

05. **Conscins-problema.** Chegada crescente de conscins problemáticas para integrar o grupo de trabalho (*buchas de canhão* dos assediadores).

06. **Dinheirismo.** Constantes decisões colocando fatores secundários, a exemplo de dinheiro e processos administrativos, na frente da assistência às pessoas.

07. ***Feeling.*** Percepção de que algo não está fluindo da melhor forma nas relações e atividades do grupo.

08. **Heterocríticas.** Multiplicação de reclamações e heterocríticas, inclusive dos assistidos e de pessoas relacionadas ao trabalho.

09. **Insegurança.** Desmotivação e insegurança dos integrantes da equipe.

10. **Iscagens.** Aumento das iscagens interconscienciais inconscientes com seus efeitos perturbadores nas consciências e ambientes.

11. **Miniacidentes.** Ocorrências de miniacidentes de percurso.

12. **Obnubilação.** Dificuldades de pensenizar com clareza e raciocinar no ambiente de trabalho.

13. **Ostracismo.** Reiteradas exclusões, intencionais ou não, de determinada pessoa ou pessoas nas reuniões e decisões importantes do grupo.

14. **Pactos.** Ocorrência de pactos de mediocridade ou acordos velados anticosmoéticos advindos do somatório de traf*a*res de integrantes da equipe.

15. **Pressão.** Sensação de opressão devido à crescente pressão holopensênica assediadora no ambiente de trabalho do grupo.

16. **Projetabilidade.** Experiências de projeções conscientes ou semiconscientes relacionadas ao assédio extrafísico.

17. **Pseudo-oportunidades.** Surgimento de pseudo-oportunidades assediadas, as quais enredarão mais as conscins nas tramas do assédio grupal.

Inação. As conscins deixam de assumir a responsabilidade pelo desassédio por diferentes razões, tais como inocência, ignorância (falta de experiência), incompetência, distração, negligência, minimização, pusilanimidade, acumpliciamento ou mesmo, má intenção.

Obumbramento. Quando existe algum nível de acumpliciamento ou interesse na manutenção da situação assediada, a intencionalidade distorcida ofusca a lucidez consciencial e dificulta a conexão com o amparo de função, o que é fundamental para se resolver o problema. *A intencionalidade cosmoética aliada ao autodiscernimento são os sustentáculos das autodefesas antiassediadoras.*

Amparo. Os amparadores atuam até o limite da cosmoética para não se acumpliciarem. Toleram pequeno percentual de erro do assistido, mas a partir de determinado ponto se abstêm, caso contrário, também se tornariam coniventes e estariam contra a Cosmoética e a autoevolução.

Responsabilidade. No heteroassédio grupal, cada envolvido tem seus atenuantes ou agravantes a depender da natureza da participação pessoal no caso. Porém, *contra fatos não há argumentos,* se a pessoa estiver arrolada no conflito, inevitavelmente terá algum nível de responsabilidade, e enquanto a situação não for resolvida, permanecerá na interprisão grupocármica.

Autoposicionamento. Conflitos grupais não se resolvem por si só, enquanto alguém não assumir o posicionamento firme de desassombro cosmoético em prol do desassédio, o problema somente tenderá a se agravar.

Disseminação. Eis, por exemplo, na ordem alfanumérica, 5 evidências de agravamento e disseminação da intrusão assediadora no holopensene grupal devido a omissão ou falta da intervenção desassediadora no momento adequado:

1. **Abrangência.** Reverberação ou infiltração do conflito principal em outras áreas da manifestação pessoal dos indivíduos do grupo, ao modo de outros empreendimentos ou mesmo na vida pessoal, afetiva e familiar.

2. **Acidentes.** Ocorrência de acidentes de percurso mais graves com as pessoas envolvidas no conflito, ao modo de acidentes com veículos e roubos com risco de vida, podendo chegar até a *macro-PK* destrutiva.

3. **Monoideísmos.** Os contrapensenes insistentes de determinados indivíduos contra algum integrante do grupo podem chegar a sentimentos incontroláveis de raiva, tornando a conscin *bucha de canhão* dos assediadores.

4. **Mega-assediadores.** Parapresença ostensiva de assediadores (*exus e pomba-giras*) no ambiente de trabalho, inclusive com a ocorrência de efeitos físicos patológicos, até de *poltergeists.*

5. **Surtos.** Ocorrência de surtos emocionais ou psicóticos de pessoas envolvidas direta ou indiretamente no problema (amigos, familiares), chegando aos estados de semipossessões ou mesmo de possessões malignas.

Tempo. Independente do estágio no qual se identificou a dimensão do assédio grupal, a intervenção deve ser rápida, cirúrgica e cosmoética, atuando diretamente com os envolvidos, *cara a cara* e *paracara a paracara.*

Afastamento. Por vezes, poderá ser necessário o afastamento temporário ou definitivo das conscins epicentros do problema, tanto para preservar o trabalho grupal quanto para a segurança individual deles. Tal conduta também propicia o encaminhamento extrafísico, pelos amparadores, das consciexes assediadoras imantadas às conscins assediadas, em geral, as verdadeiras desencadeadoras do conflito.

Reciclagem. Contudo, o desassédio maior e definitivo somente se realiza pela reciclagem intraconsciencial (recin) profunda da conscin assediada para eliminar o autoassédio, a verdadeira raiz do heteroassédio.

Capítulo 22

Autenticidade Verbal

Teste. Até mesmo o bate-papo informal, espontâneo, originado do encontro casual entre dois conhecidos, pode tornar-se teste crítico do nível do *posicionamento pessoal cosmoético* dos interlocutores.

Intencionalidade. Toda comunicação carrega uma intenção. Pessoas autênticas expõem diretamente, sem subterfúgios, os autopensenes, porém, a autenticidade ainda não é a conduta padrão na maioria das comunicações interpessoais. *Evitemos a agenda oculta em nossa comunicabilidade.*

Indução. Para se autoafirmarem, reforçar as autoconvicções ou conquistar algum benefício, algumas conscins, não raro, seguras e com verdadeiro domínio da palavra falada, expressam-se com a intenção não revelada de induzir o interlocutor desatento a concordar com os seus argumentos falaciosos.

Vendedor. No ramo comercial, vendedores procuram usar as emoções do potencial comprador para efetivarem a venda.

Metodologia. Método manipulativo comum é conquistar a confiança do potencial comprador, mostrando algum tipo de afinidade, qualidade de caráter ou mesmo compartilhando oportunidade *imperdível,* cujo real intuito é a redução do autodiscernimento do cliente e induzi-lo a dividir com o vendedor a decisão sobre a aquisição do bem ou serviço.

Desconfiança. Conquistada a confiança, o próximo passo é associar o negócio à pessoa do vendedor, assim qualquer dúvida quanto ao real valor da aquisição seria uma mensagem de quebra de confiança do comprador.

Esquiva. Para evitar o desconforto emocional da situação, o comprador quando inseguro tende a não se posicionar contrariamente ao vendedor e, para minimizar a dissonância cognitiva, engana a si próprio com justificativas: *"ele gostou de mim e parece ser uma pessoa confiável, por isso está me dando esta oportunidade especial".*

Posicionamento. É importante o senso crítico e para se colocar de modo cosmoético e assertivo, no momento exato, ao longo de qualquer interlocução, tanto para frustrar tentativas de manipulações de terceiros quanto para evitar acumpliciamentos.

Criticologia. Importa tanto a heterocrítica para a avaliação do conteúdo expresso ou não (agenda oculta) do interlocutor, quanto a autocrítica para avaliar as próprias reações emocionais resultantes da interação.

Vigilância. Em tais injunções, é de grande auxílio a *técnica da monitorização contínua da autopensenidade,* sobretudo a avaliação das emoções, pois são fortes motivadoras do comportamento e é importante nas interlocuções manejar de modo sadio as reações emocionais.

Aceitação. Caso, por exemplo, a pessoa tenha necessidade de aceitação afetiva em diálogos, tenderá a concordar com o interlocutor, mesmo quando os argumentos deste contrariem sua opinião ou valores pessoais. A discordância das ideias do interlocutor é interpretada inconscientemente como reação que colocaria em risco à aceitação afetiva alheia.

Emocionalidade. A dificuldade de lidar com as emoções ou a esquiva a sentimentos desagradáveis acaba comprometendo, por vezes, a sustentação da defesa dos próprios princípios e valores cosmoéticos.

Iscagem. Tendo em vista a *Parapatologia,* a concordância, mesmo momentânea, com posicionamentos anticosmoéticos de terceiros é fator predisponente para assimilações antipáticas de energias gravitantes e iscagem inconsciente de consciexes patológicas ligadas ao interlocutor. *Os autoassédios emocionais deixam as conscins vulneráveis às manipulações conscienciais, tanto de conscins quanto de consciexes.*

Autoconhecimento. O autodesassédio emocional começa pela admissão das próprias carências emocionais. Nas relações interpessoais e, mais especificamente, nas comunicações interconscienciais, essas autossuscetibilidades ficam mais evidentes.

Antiescondimento. Segundo a *Comunicologia,* a autenticidade do discurso de quem não tem nada ilegítimo para defender, ou esconder, funciona ao modo de autodefesa natural ante assediadores.

Antimanipulações. A conscin autêntica, assertiva, busca verbalizar apropriadamente aquilo que pensa e sente, sem ocultar críticas, erros ou opiniões divergentes para defender interesses pessoais, inclusive diante das personalidades que poderiam colocá-la em situação pessoal e social indesejada.

Reciclogenia. Pela *Autodesassediologia,* o autoposicionamento verbal cosmoético é conduta oposta, terapêutica e profilática à postura da conscin autoassediada insistindo em ocultar certos autopensenes, mantendo-os para si no *canto escuro* do holopensene pessoal, impedindo a imperativa autorreciclagem.

Capítulo 23

Antiacumpliciamentos

Grupocarma. No decorrer da vida humana, nos deparamos no grupocarma e, eventualmente, na família consanguínea, com consciências mais doentes do próprio passado, antigos inimigos ou colegas de contravenção. Assim funciona a *lei da inseparabilidade grupocármica.*

Atualização. Tais encontros de destino, por vezes, elementos das cláusulas da programação existencial (proéxis), são importantes provações pessoais, mas sobretudo oportunidades imperdíveis para reconciliações e saneamento dos rastros menos dignos da *ficha evolutiva pessoal* (FEP).

Cuidados. Na vivência autolúcida dessas relações interconscienciais deve-se redobrar os cuidados para evitar a repetição dos padrões de comportamentos anacrônicos acumpliciadores, reforçadores das amarras da interprisão grupocármica ao invés de desatar os nós do passado.

Gradação. Os acumpliciamentos anticosmoéticos entre as consciências variam desde os casos mais graves e indiscutíveis, como ocorre entre os coautores de crimes contra a vida, até casos relacionados às sutilezas da Cosmoética, muitas vezes imperceptíveis pelos cúmplices, seja por ignorância, ingenuidade ou má intenção.

Afeto. Além da avaliação da qualidade da intenção mútua, na análise das variáveis dos acumpliciamentos anticosmoéticos, não se pode desconsiderar a influência da afetividade humana. Não são poucas as conscins que se envolvem em atos ilícitos alheios movidas pelo afeto, algumas vezes para proteger o ente querido, outras para serem leais à amizade ou para conquistarem a estima alheia.

Exemplologia. Mães acobertam os crimes dos filhos, amigos não se posicionam contra as condutas anticosmoéticos dos companheiros, homens e mulheres abrem mão dos valores existenciais para manter ou estabelecer laços afetivos interpessoais ou grupais.

Taxologia. Não existe meio acumpliciamento, *o que não presta, não presta mesmo, não adianta fazer maquilagem.* Eis, por exemplo, na ordem alfanumérica, 18 exemplos de condutas anticosmoéticas acumpliciantes a serem evitadas, com o máximo discernimento, pela conscin autocrítica:

01. **Aceitação.** Ir contra os *princípios ou valores cosmoéticos pessoais* para poder fazer parte ou ser aceito por determinado grupo de convívio.

02. **Amizades.** Cultivar amizades sabidamente ociosas, mantendo a própria ociosidade em nível elevado.

03. **Boataria.** Fazer comentários ou especulações sobre terceiros, em geral, sem fundamentos reais, com intuitos obscuros, alimentando o assédio grupal.

04. **Casal.** Alimentar reciprocamente as patoafinidades no casal íntimo, ao modo da sociosidade e do *boavidismo* a dois.

05. **Escuta.** Aceitar passivamente ouvir críticas a outras pessoas, fofocas, intrigas, impropérios e comentários assediados e assediantes, sem se posicionar.

06. **Favores.** Pedir ou prestar favores comprometedores.

07. **Heterocrítica.** Criticar para colega o comportamento de outra pessoa conhecida por ambas, sem a mesma estar presente. Nesse caso, deve-se considerar também a satisfação malévola (*schadenfreude*).

08. **Incitação.** Incitar, induzir ou colocar outrem a fazer algo ilícito, com o qual não se sente bem ou não tem coragem de fazer por si mesma.

09. **Líder.** Ver os desmandos do líder e não se posicionar.

10. **Liderado.** Ver os desmandos do liderado e não se posicionar.

11. **Omissões.** Tomar ciência de problema ou situação conflituosa relacionada a si e *deixar o barco correr,* sem assumir a responsabilidade pelo desassédio ou tomar as atitudes necessárias para interromper a propagação do problema.

12. **Panelinhas.** Criar ou integrar grupelhos e panelinhas sectárias dentro do grupo de convívio maior, com o intuito de obter ou preservar vantagens pessoais.

13. **Patopensenidade.** Afinizar-se com conscins ou consciexes pela autopensenização ilícita, mesmo quando fugaz.

14. **Privilégios.** Tirar proveito de regalias de colegas, amigos ou parentes, mesmo sendo conhecedor dos meios ilícitos pelos quais as vantagens ou os privilégios foram auferidos.

15. **Seduções.** Tomar parte em jogos de sedução sexochacral entre colegas, parceiros de trabalho, disfarçados de brincadeiras inocentes.

16. **Sociedade.** Participar de decisões em grupo ou em sociedades empresariais com enfoque exclusivamente técnico, sem considerar, em primeiro lugar, o viés interassistencial e cosmoético, mais amplo.

17. **Trabalho.** Defender interesses de grupos de trabalho, órgãos de classe, associações, entre outros, quando claramente prejudicais à maioria da Sociedade.

18. **Vantagem.** Não se posicionar claramente contra o que percebe ser errado para evitar desagradar ou perder algum tipo de vantagem desejada. *As pequenas vantagens anticosmoéticas momentâneas conduzem a grandes perdas evolutivas futuras.*

Fixação. A fixação da consciex recém-dessomada em determinada comunidade extrafísica de consciências afins resulta da semelhança de ideias, emoções, atitudes, objetivos e interesses.

Amarras. Segundo a *lei da causação cosmoética,* os cúmplices de contravenção, os comparsas nas autocorrupções e heterodesvios ficam atados entre si por longo período no ciclo multiexistencial, alternando vidas humanas inter-relacionadas, por vezes até consanguíneas, e retornando às mesmas dimensões extrafísicas baratrosféricas devido à interprisão grupocármica.

CI. A participação em *Curso Intermissivo* (CI) pré-ressomático não dá salvo-conduto para ninguém, nem é passaporte garantido para distritos extrafísicos mais evoluídos após a dessoma. Importa, de fato, a vivência teática, nesta dimensão intrafísica, das ideias e dos *princípios cosmoéticos* hauridos no CI.

Teorização. Não adianta apenas o entendimento teórico dos *princípios evolutivos* se a autocognição não refletir, na prática e na qualificação das relações interpessoais.

Alerta. Autoacumpliciamentos graves e leves têm mantido as consciências por milênios nas dimensões baratrosféricas e levado bilhões de consciexes transmigradas para planeta evolutivamente inferior à Terra devido às reurbanizações extrafísicas (Vieira, 2004).

Capítulo 24

Priorização das Companhias Pessoais

Ilha. *Nenhum homem é uma ilha isolada.* A máxima do poeta inglês John Donne (1557–1631) aumenta de valor quando consideramos a pararrealidade das energias conscienciais e o fato de estarmos permanentemente em contato com outras consciências, conscins e consciexes, influenciando-nos mutuamente.

Convivência. Não é inteligente minimizar os efeitos da convivência interconsciencial, deve-se avaliar com bastante critério as possíveis repercussões, no curto, médio e longo prazos, das diferentes companhias pessoais, humanas ou mesmo subumanas, em si próprio. *Amizades podem ter efeitos evolutivos ou nocivos.*

Objetivo. A conscin lúcida busca se questionar e procurar discernir, com máximo senso crítico possível, qual o seu propósito em manter contato com quaisquer compassageiros evolutivos.

Preferências. Diversos fatores contribuem para a preferência pessoal por determinadas companhias, não somente os aspectos afetivos. A razão de algumas pessoas apenas passarem e outras permanecerem no círculo de relações pessoais por mais tempo, comumente não é examinada conscientemente ou analisada com maior profundidade pelas conscins. *O prazer na companhia de alguém mostra a afinidade entre as energias conscienciais.*

Preponderância. Além das afinidades interconscienciais multímodas, em cada relação interpessoal haverá determinado aspecto ou traço de personalidade preponderante, considerado principal elemento fixador do convívio, o qual pode não ser necessariamente o mesmo para duas consciências afins, podendo ainda ser sadio, fundamentado nos autotraf*o*res, neutro ou patológico, com base nos autotraf*a*res ou mesmo nos traços faltantes da personalidade.

Patoafinização. Tendo em vista as afinidades interconscienciais tra*fa*rinas, eis, por exemplo, na ordem alfanumérica, 10 interesses patológicos desencadeadores da afinização a companhias antievolutivas:

01. **Antiquestionamento:** a procura de confirmação das próprias crenças, certezas e convicções anacrônicas e regressivas em opiniões alheias comuns.

02. **Autoacumpliciamento:** a busca de apoio ou comparsaria para cometer pequenas ou grandes ilicitudes.

03. **Autossegurança:** a necessidade de sentir-se seguro pela aceitação em determinado grupo social.

04. **Autossuperioridade:** a fuga de contatos interconscienciais mais sadios, mas ameaçadores da falsa concepção de superioridade (orgulho) e da necessidade de sentir-se por cima.

05. **Hedonismo:** o compartilhamento de prazeres.

06. **Mediocrização:** o comprazimento na acomodação e na *lei do menor esforço,* pautado pela média das pessoas do grupo de convívio social escolhido.

07. **Promiscuidade:** a predisposição às experimentações de variados relacionamentos sexuais não monogâmicos.

08. **Sectarismo:** a vontade de partilhar a visão de mundo sectária.

09. **Vantagens:** a aspiração por vantagens, privilégios ou benefícios imerecidos, imediatos ou futuros.

10. **Vício:** a recreação em grupo pautada no mau hábito do uso de substâncias viciantes, causadoras de dependência química e alienação.

Evolutivos. Os laços evolutivos são fundamentados nos tra*fo*res mútuos e na atração do convívio mentalsomático, assim se constitui a amizade raríssima milenar. Eis, por exemplo, na ordem alfanumérica, 7 interesses basilares da vida humana a serem considerados pela conscin lúcida na priorização das companhias interpessoais evolutivas:

1. **Inclinações artísticas, científicas e culturais:** convergentes, complementares, alinhadas ou sinérgicas (Mentalsomatologia).

2. **Interassistencialidade:** opção lúcida por dedicar a existência à interassistência diuturna (Interassistenciologia).

3. **Metas proexológicas:** de curto, médio e longo prazos em comum (Proexologia).

4. **Objetivos comuns:** visão do mundo semelhante, pró-evolutiva (Holofilosofia).

5. **Princípios pessoais:** escolhas e decisões pessoais pautadas na autocosmoética (Cosmoeticologia).

6. **Produtividade:** a união prática dos itens do *trinômio automotivação-trabalho-lazer* (Intrafisicologia).

7. **Sexualidade:** instintos sexuais básicos complementares, no caso do casal íntimo ou dos parceiros da dupla evolutiva (Sexossomatologia, Duplologia).

Holosfera. Considerando a *Parapercepciologia,* no convívio holofilosófico fraterno o ideal é perscrutar holossomaticamente a outra conscin através da sua holosfera multidimensional, porém analisando cosmoeticamente a própria presença energética antes de avaliar a qualidade da presença de outrem.

Contextos. A convivência com certas personalidades pode causar sérios problemas e, por vezes, apenas por estar no mesmo ambiente junto a essas pessoas pode colocar a conscin, quando desatenta ou negligente, em contextos constrangedores, arriscados ou mesmo anticosmoéticos. Eis, na ordem alfanumérica, 11 exemplos para a análise do leitor ou leitora:

01. **Alcoólatra.** O convívio com a conscin *caneco vivo* e, inevitavelmente, suas companhias extrafísicas desequilibradas.

02. **Arma.** O convívio com pessoa armada, por opção ou profissão, atratora de acidentes de percurso.

03. **Carona.** A carona dada a pessoa consumidora de drogas ilícitas.

04. **Festa.** A participação em festas e reuniões quando não se conhece ou não se tem referência de quem estará presente.

05. **Infidelidade.** O convívio social com o casal no qual, reconhecidamente, 1 dos cônjuges é infiel.

06. **Jeitinho.** O colega adepto ao *negocinho evolutivo.*

07. **Multidão.** A simples presença pessoal em locais de grande aglomeração de pessoas. *O comportamento da multidão é imprevisível.*

08. **Negatividade.** O convívio com a pessoa negativa, hipercrítica e rotineiramente disposta a falar mal dos outros.

09. **Repartição.** O trabalho diário em repartição pública onde ocorre corrupção.

10. **Riscomaníaco.** Adentrar em veículo de conscin riscomaníaca ou que já passou por vários acidentes ao volante.

11. **Sociedade.** Fazer negócio ou constituir sociedade junto a pessoas problemáticas ao lidar com dinheiro (miserê, gananciosa ou desonesta) e histórico de conflitos pessoais, familiares ou societários.

Consciex. Considerando a *Parapercepciologia,* a conscin lúcida procura implantar as neorrotinas parapsíquicas de avaliar o padrão das energias das pessoas próximas e de seus respectivos acompanhantes extrafísicos habituais.

Capítulo 25

Interassistência Compulsória

Pseudoperda. Nos evos da evolução, ninguém perde ninguém, nem consegue se afastar, definitivamente, de outra consciência.

Autotransafetividade. O ideal é chegarmos ao ponto de amarmos e tratarmos todas as consciências de modo igualitário, dispondo-nos a assistir às pessoas, sem restrições ou favoritismos. Contudo, até o Serenão, ao que os fatos e parafatos indicam, por vezes, ressoma para ajudar na evolução de grupos específicos de conscins, ligados à sua holobiografia.

Relacionamentos. A Terra possui aproximadamente 7 bilhões de habitantes (Ano-base: 2015), contudo em cada vida humana podemos nos relacionar até com algumas milhares de conscins e de modo genuinamente mais íntimo, com, no máximo, dezenas de pessoas.

Separação. Tal fato, por si só, discrimina, neste momento evolutivo, essas conscins entre os outros milhões de consciências pertencentes ao grupocarma pessoal, com as quais já tivemos relações mais ou menos próximas nas diversas existências pregressas.

Prioridade. A prioridade evolutiva é clara: devemos buscar estabelecer o melhor relacionamento com essas conscins, não medindo esforços e recursos para fazer as retratações, as reconciliações e as intervenções assistenciais possíveis.

Esforços. Isto não significa tentar fazer os outros mudarem à força, mesmo porque tal procedimento não funciona e seria estupro evolutivo. Também não quer dizer que se deve restringir os esforços interassistenciais exclusivamente a tais conscins.

Companhia. Se um ente querido ainda não quer reciclar, priorizar a autoevolução e prefere continuar a viver na autocorrupção e na ilicitude, não há obrigatoriedade de se conviver com ele, muito menos se acumpliciar com os seus erros e não assumir as responsabilidades proexológicas pessoais.

Amizades. A consecução da reciclagem existencial, por vezes, demanda o afastamento dos indivíduos mais patológicos do círculo de relações pessoais, às vezes, por intermédio da mudança de cidade ou até mesmo de país, além da busca do convívio com as pessoas mais sadias do grupo evolutivo, se possível, integrantes da família consciencial.

Retorno. Porém, chegará o momento no qual o assistente, tendo alcançado estado de maior equilíbrio íntimo, sentirá a necessidade de procurar as consciências do passado mais renitentes no erro, com o intuito de auxiliá-las, no que for possível, para ao menos, saírem das amarras das interprisões grupocármicas mais pesadas.

Exemplologia. Esse retorno pode ocorrer na mesma existência intrafísica, por exemplo, no caso do intermissivista que ao chegar à meia-idade decide se reaproximar dos colegas de adolescência, agora adultos, mas ainda dominados pelo porão consciencial, mantendo antigos hábitos patológicos, agora de modo cronificicado, devido ao passar dos anos.

Predisposição. O exemplarismo pessoal, fundado em anos de reciclagens e autossuperações, tende a impactar positivamente os colegas, os quais estarão mais predispostos aos esclarecimentos e intervenções assistenciais do intermissivista, o qual antes se encontrava em condições similares.

Antecipação. Tal atitude é a antecipação inteligente da megatarefa à espera dos intermissivistas na próxima intermissão, após a dessoma, quando se reencontrarão com o intuito assistencial, com as consciências mais próximas do próprio passado, ainda atadas à Baratrosfera, nas mais diversas condições parapatológicas.

Conexão. Não se deve esquecer que tais conscins e consciexes não são muito diferentes de si, em geral, são pessoas próximas, com afinidades sadias e patológicas. Por isso mesmo, não raro, o intermissivista está dentre as pessoas com melhores condições de assisti-las, pelo fato de conhecer as parapatologias dos colegas, e por, recentemente, ter sido vítima ou algoz em função delas.

Autoassédio. A superação dos autoassédios é o pré-requisito natural para o heterodesassédio dos assistidos. Sem ela, além de não ter a autoridade moral para assistir, o intermissivista corre sério risco de ser arrastado, novamente, aos acumpliciamentos anticosmoéticos junto às companhias do passado.

Capítulo 26

Convivência Discente Desassediadora

Sala. O ideal é que a sala de aula acompanhe a conscin lúcida até a dessoma, primeiro na condição discente de cursos formais, curriculares ou extracurriculares, em seguida pela frequência em cursos e palestras de temas de interesse pessoal (autodidatismo), ao modo das *Tertúlias Conscienciológicas* diárias do *Centro de Altos Estudos da Conscienciologia* (CEAEC) e também na condição docente, pesquisador e divulgador dos achados pessoais (Verponologia).

Formal. O estudo formal é estágio essencial para a recuperação das unidades de lucidez (cons) básicas da consciência ao retornar à intrafisicalidade. Até a obtenção do título da graduação escolhida, a conscin terá passado quase duas décadas nas salas de aula de escolas e da faculdade, por vezes, mais do que isso, caso opte pelo duplo curso superior e pós-graduações.

Holopensene. Tanto as áreas de estudo quanto as instituições pedagógicas possuem holopensenes particulares e, consequentemente, atraem consciências afins. Mesmo sendo ambientes, no geral, mais homeostáticos, duas faculdades dedicadas à mesma área de formação podem diferir consideravelmente na qualidade de ensino e no padrão médio da sanidade do holopensene institucional.

Fauna. A sala de aula de qualquer faculdade é um miniecossistema multidimensional, pequena amostra da *fauna humana* e da *parafauna extrafísica,* onde é possível encontrar todo tipo de conscins e consciexes. Eis, por exemplo, na ordem alfanumérica, 10 personalidades intrafísicas distintas, passíveis de serem encontradas numa sala de aula universitária:

01. **Docente.** O professor bem-intencionado, focado no esclarecimento dos alunos, permitindo a atuação dos amparadores extrafísicos e contribuindo para a melhoria do holopensene local.

02. **Drogado.** O rapaz de classe média, rebelde, crítico do *status quo* social, eventualmente assistindo aulas após usar maconha.

03. **Estudiosa.** A moça, recém-chegada do interior, inocente, tímida e estudiosa.

04. **Homossexual.** O rapaz marombeiro, homossexual, mexendo com o sexochacra de colegas de sala ao derredor.

05. **Policial.** O aluno policial militar, portando arma de fogo, recém-chegado do serviço de rua.

06. **Religiosa.** A religiosa praticante, imbuída com a *melhor das intenções,* tentando, sub-repticiamente, converter os colegas à crença pessoal.

07. **Sedutora.** A moça, recém-saída da adolescência, descobrindo a força sedutora do ginossoma pessoal.

08. **Senhora.** A senhora, de meia-idade, frequentando o segundo curso superior da área da saúde, exemplo positivo para os colegas de classe.

09. **Suicida.** O jovem soturno, envolto em pensenes autodestrutivos, já tendo atentado contra a própria vida.

10. **Superdotada.** A jovem superdotada intelectual, mas impulsiva e desperdiçada.

Paracompanhias. A conscin lúcida deve estar atenta, de preferência parapsiquicamente, senão, pelo menos, com base nos conhecimentos que possui da multidimensionalidade, quanto às prováveis companhias extrafísicas de tais personalidades.

Convivialidade. Tal avaliação crítica importa sobremaneira ao considerar o fato de que provavelmente passará alguns anos, por cerca de 3 a 4 horas diárias, convivendo no mesmo holopensene junto a essas conscins e as respectivas companhias extrafísicas.

Assistência. A melhor postura pessoal, além da imprescindível autodefesa parapsíquica contínua, é aproveitar as múltiplas oportunidades interassistenciais, seja com o companheirismo, ideias, energias conscienciais e iscagens interconscienciais lúcidas.

Abordagem. Ao longo desses anos, inevitavelmente, a conscin será abordada diversas vezes pelas consciexes frequentadoras do ambiente. Ao invés de encarar tal fato inarredável como problema a ser superado, é mais proveitoso considerá-lo como oportunidade ímpar para o desenvolvimento do autoparapsiquismo interassistencial, pois o cenário relativamente restrito da sala de aula, tende a ser mais sadio e fácil de lidar, em termos do padrão médio das energias conscienciais, em função da tares realizada pelos professores.

Exemplologia. Por exemplo, enquanto assiste a aula de certa disciplina, subitamente, o discente em desenvolvimento parapsíquico, sente incômodo característico na cabeça (autossinalética), o qual indica a aproximação de consciex patológica à psicosfera pessoal.

Exteriorização. A sinalética neste caso é o alerta para a instalação do estado vibracional (EV) e a consequente exteriorização das energias conscienciais (ECs) benfazejas para a consciex. O discente parapsiquista atua de modo consciente, até sentir em si próprio, os efeitos da manobra parapsíquica e a posterior sensação de desanuviamento da opressão causada pela presença da consciex assistida na autopsicosfera.

Rebarba. Quando jejuna parapsíquica, sem maior traquejo com os procedimentos das assistências extrafísicas, poderá ficar com rebarbas energéticas indesejáveis pela falta da desassim adequada, ao modo de leve dor de cabeça. Contudo, caso tal fato ocorra será apenas sinal da necessidade de aumentar a concentração e o autoesforço na prática das mobilizações energéticas, especialmente visando a desassim.

Desconhecimento. Algumas vezes, a assistência terminará sem a obtenção de maiores informações quanto aos parafatos, aos bastidores extrafísicos, bem como o motivo ou o interesse da aproximação da consciex, a não ser o banho energético proporcionado pelos amparadores, quando confirmador da conclusão do trabalho assistencial.

Ideias. A autocomprovação dos fenômenos extrafísicos de bases interassistenciais envolve não somente o atilamento parapsíquico do assistente, mas também o atributo da associação de ideias para correlacionar fatos, parafatos, parafenômenos e minissincronicidades, de modo a constituir um panorama coeso da vivência pessoal.

Informações. Por vezes, parte do enredo multidimensional se descortina para o assistente. É o caso, por exemplo, quando após o banho de energia confirmatório do encaminhamento da consciex assistida, o colega, isca inconsciente, se dirige espontaneamente ao assistente e *puxa* conversa, fazendo alguma pergunta de âmbito geral ou mesmo pessoal.

Interlocução. Ao estabelecer a interlocução, o colega expõe o problema que está vivenciando no momento e abre espaço mental para ser esclarecido. O assistente recebe novo banho energético, agora confirmatório da hipótese da conexão da consciex com o problema central do relato do colega.

Minutos. Todos esses fatos e parafatos podem ocorrer em alguns minutos, sem ninguém mais na sala perceber nada, nem o professor, incomodado com a conversa paralela dos alunos.

Capítulo 27

Preço do Heterodesassédio

Competência. Na prática do desassédio interconsciencial vale estar atento à máxima: *só deve botar banca quem tiver competência.* Porém, não se deve esquecer que quem não bota banca, também não desenvolve as próprias competências.

Limites. Para se qualificar na condição de assistente, é preciso desenvolver o desassombro cosmoético e, por vezes, testar os próprios limites interassistenciais. *Do chão, não passa. A consciência é imatável e imorrível.*

Discernimentologia. A conscin pusilânime, medrosa, não alcança bons resultados nos empreendimentos interassistenciais de heterodesassédio, contudo, autoconfiança e autodiscernimento devem caminhar lado a lado.

Antecipação. A conscin lúcida não minimiza possíveis efeitos das próprias intervenções assistenciais, procurando antecipar os movimentos e reações de conscins e consciexes assediadoras, incomodadas com os frutos positivos da assistência realizada ou em curso.

Enxaqueca. Eis 1 exemplo: a colega de trabalho está no ápice da crise de enxaqueca e o assistente, solícito e autoconfiante quanto ao próprio potencial energético, se oferece para aplicar o arco voltaico craniochacral.

Autodisponibilidade. A colega, em estado crítico e doloroso, conhecedora dos esforços do assistente com as mobilizações energéticas interassistenciais, está aberta para qualquer ajuda, e se disponibiliza, de bom grado, para receber a assistência parapsíquica.

Limpeza. No arco voltaico, o parapsiquista assimila as energias conscienciais do assistido e faz a intrusão energética positiva, consentida, mais profunda. Nessa condição, o fluxo de energias equilibradas do assistente limpa as energias gravitantes do assistido, eliminando bloqueios bioenergéticos encefálicos, por vezes causados pelas conexões energéticas de consciexes energívoras ou assediadoras.

Desassim. Dependendo da gravidade do caso e do traquejo parapsíquico do energizador, ele pode não realizar a desassimilação completa das energias gravitantes e permanecer sentindo os sintomas antes relatados pelo assistido.

Iscagem. A manobra interassistencial frequentemente desencadeia a iscagem interconsciencial e traz para a psicosfera do assistente a consciex ou as consciexes, verdadeiras causadoras da enxaqueca na colega.

Efeitos. Caso não ocorra o encaminhamento imediato da consciex, podem advir efeitos típicos da iscagem, tais como sensação de opressão, sonolência, dor de cabeça, entre outros sinais patognomônicos.

Ataque. Podemos interagir com pessoas assediadas em casa, no trabalho, no voluntariado, na repartição pública, em qualquer lugar. Boa parte das companhias extrafísicas dessas personalidades não nos atacam diretamente, tendo em vista estarem satisfeitas com o estado de vampirização, às vezes mútuo, no qual se encontram com as conscins vítimas.

Defesa. Porém, quando percebem a interferência externa na condição anticosmoética na qual se encontram, agem e atacam agressivamente o assistente, de modo a defender a presa, no caso, a conscin-vítima vampirizada.

Preço. Ao assistente, é importante estar consciente de que ao se predispor a ajudar irá se deparar, eventualmente, com esse tipo de situação, devendo estar preparado para todo tipo de reações antagônicas e disposto a pagar, sem receios, o preço do heterodesassédio.

Táticas. Tendo em vista a *Prevenciologia,* as táticas da autodesassedialidade são potencializadas pela conjunção das autoparapercepções aos prognósticos lógicos, racionais, quanto às abordagens assediadoras das possíveis companhias extrafísicas patológicas dos assistidos pessoais.

Prospectivologia. Eis, por exemplo, na ordem alfanumérica, 10 grupos de consciexes patológicas, vinculadas a situações ou contextos cotidianos, para os quais o assistente deve estar preparado bioenergeticamente:

01. **Comunicação.** As paragangues de vampiros extrafísicos relacionadas aos múltiplos meios de comunicação (televisão, *Internet,* entre outros), ávidos para implantar a cunha mental na conscin desatenta.

02. **Consultório.** As conseneres e energias gravitantes remanescentes de assistências mal desassimiladas de atendimentos anteriores em consultórios de assistentes profissionais, a exemplo do médico e do dentista de confiança.

03. **Defesas.** As consciexes hostis em defesa das presas humanas, devido ao domínio ameaçado pela tares libertária do assistente.

04. **Evocações.** As companhias do passado, hoje consciexes, evocadas, conscientemente ou não, devido aos empreendimentos interassistenciais, às pesquisas pessoais, à escrita conscienciológica e às próprias recins profundas.

05. **Iscagens.** As consciexes trazidas pelos amparadores no período pré-tenepes.

06. **Parafamiliares.** Os integrantes extrafísicos do grupocarma consanguíneo interferindo no holopensene familiar humano.

07. **Profissão.** As consciexes patológicas eventualmente causando distúrbios nos ambientes profissionais.

08. **Residência.** As companhias extrafísicas trazidas inconscientemente para o holopensene doméstico pelo cônjuge, duplista, amigos, familiares, funcionários ou profissionais executores dos serviços na residência.

09. **Seduções.** Os assediadores, manipuladores de homens e mulheres com alto potencial de sedução sexochacral, vampirizadores de conscins com falta de higiene pensênica.

10. **Voluntariado.** As consciexes insatisfeitas com os resultados da assistência ou do heterodesassédio prestado no voluntariado das *Instituições Conscienciocêntricas* (ICs).

Fraternidade. Somente a identificação e a consequente autodefesa parapsíquica perante o heteroassédio ainda não é a condição ideal para a conscin lúcida, podendo tornar-se, a partir de determinado limite, até antifraterna devido à omissão de auxílio às consciências necessitadas.

Heterodesassédio. As vivências lúcidas quanto à interdimensionalidade demonstram que a manutenção da autodesassedialidade demanda, de modo ínsito, a heteroassistência e algum nível de autorresponsabilização pelo desassédio das companhias pessoais e pela para-assepsia dos ambientes frequentados. Não raro, tal procedimento é indescartável para evitar as reverberações negativas dessas condições em si próprio.

Interassistência. Esta também é maneira de sair do próprio ego, ampliando e qualificando a própria rede interassistencial e conquistar o merecimento da assistência mais permanente dos amparadores extrafísicos. Desta postura advêm as reverberações homeostáticas do heterodesassédio.

Seção IV

Autodesenvolvimento Parapsíquico

Capítulo 28

Atenção às Parapercepções

Atração. Quanto mais energizada é a conscin mais atrai, naturalmente, para os arredores da parapsicosfera pessoal, outras conscins e consciexes, ao modo da fonte de luz atraindo os insetos voadores na noite escura. *A energia consciencial é a verdadeira moeda das dimensões extrafísicas.*

Tenepes. A tenepes, por exemplo, promove o desenvolvimento parapsíquico por intermédio da abertura e desenvolvimento sadio dos chacras, canais de circulação energética do energossoma, colocando o tenepessista na condição de atrator de conscins e consciexes assistíveis, muito além dos 50 minutos diários destinados à prática assistencial.

Autovigilância. Para manter a autodesassedialidade nas interassistências parapsíquicas, sobretudo nas iscagens interconscienciais, é essencial a focalização contínua da atenção nos parassentidos, de modo a discernir, discriminar ou distinguir as próprias parapercepções e a sinalética energética e parapsíquica.

Inconsciência. A inconsciência energética, comum às conscins *cascas-grossas* e às personalidades trancadas parapsiquicamente, tem preço mais elevado para quem já tem algum desenvolvimento parapsíquico, pois os revertérios causados pelas conseneres e assediadores são maiores na personalidade aberta parapsiquicamente.

Assédio. O assédio interconsciencial advindo das iscagens inconscientes e mesmo aquele resultante da iscagem assistencial mal encaminhada cria bloqueios energossomáticos e estagna o desenvolvimento parapsíquico sadio.

Rotinologia. Enquanto não atentar para a rotina diária de mobilização de energias conscienciais e a desassim, a conscin ficará no rame-rame, nos altos e baixos do autodesempenho, não avançando nos serviços assistenciais da proéxis e no autodesenvolvimento parapsíquico.

Regressão. A desatenção quanto ao autoparapsiquismo no cotidiano leva à regressão consciencial, transformando-a de potencial assistente para a condição de vítima factual de conscins e consciexes.

Nosografia. Eis, por exemplo, na ordem alfanumérica, 6 problemas com a atenção no âmbito das parapercepções, verdadeiros autoassédios mentaissomáticos prejudiciais à autoconscientização parapsíquica, predisponentes à heteroassedialidade:

1. **Apriorismose.** A desatenção às próprias experiências parapsíquicas reais devido à apriorismose.
2. **Déficit.** O déficit de atenção em relação ao autoparapsiquismo.
3. **Desatenção.** O parapsiquismo despercebido devido à distração.
4. **Materialismo.** A atenção focada somente à concretude material.
5. **Minimização.** A subestimação dos parafenômenos experienciados.
6. **Semiparapercepção.** As parapercepções captadas de modo incompleto ou truncadas por falta de atenção.

Responsabilidade. A postura lúcida de autovigilância parapsíquica é considerada como obrigação pessoal, assumida com responsabilidade e tranquilidade por quem tem interesse em desenvolver o parapsiquismo interassistencial. Por esse caminho se consolida a tenepes 24 horas.

Homeostaticologia. Eis, por exemplo, na ordem alfanumérica, 10 aplicações sadias da atenção, favoráveis à autoconscientização parapsíquica e predisponentes à autodesperticidade:

01. **Alerta.** Dar importância aos alertas extrafísicos.
02. **Autodisponibilidade.** Ter autodisponibilidade parapsíquica *full time.*
03. **Campo.** Monitorar continuamente o próprio campo bioenergético.
04. **Curiosidade.** Interessar-se pelos detalhes e minúcias da Parapercepciologia.
05. **EV.** Lembrar de praticar o estado vibracional (EV) profilático, quando necessário.
06. **Inter-relação.** Manter em mente as relações entre as diferentes autoexperimentações parapsíquicas.
07. **Passividade.** Predispor-se à passividade parapsíquica alerta, quando necessário.
08. **Sinalética.** Desenvolver o hábito de rastrear a sinalética parapsíquica pessoal.

09. **Sincronicidade.** Atentar às sincronicidades e parassincronicidades promovidas pelos amparadores.

10. **Sustentação.** Sustentar a atenção nas autoparapercepções.

Amparabilidade. A vivência diária com a prática das mobilizações de energias conscienciais, o acolhimento e o encaminhamento das consciências assistidas demandam atuação em parceria com amparadores extrafísicos. *O parapsiquismo sadio se desenvolve na interassistência.*

Qualificação. A dedicação pessoal ao trabalho interassistencial parapsíquico ajuda sobremaneira na conquista da confiança dos amparadores, os quais passam a se empenhar para aumentar a autocognição do assistente sobre os fatos e parafatos assistenciais, com o intuito de qualificá-lo ainda mais para o trabalho de equipe.

Parafenomenologia. Visando ampliar o cabedal de informações do assistente sobre o serviço, os amparadores podem promover diferentes fenômenos parapsíquicos, tais como projeções conscientes com os assistidos, clarividências de consciexes relacionadas ao caso, entre outros.

Valorização. Dar atenção aos parafenômenos é dar valor, na prática, ao investimento feito pelos amparadores no desenvolvimento pessoal em função da interassistencialidade grupal.

Capítulo 29

Predisposição à Passividade Alerta

Abertismo. Há conscins ressomando com abertismo parapsíquico, enquanto outras, os chamados *cascas-grossas,* passam a vida bloqueados energeticamente. Estes últimos quando se interessam em desenvolver o autoparapsiquismo, não raro, precisam de considerável esforço para atingir grau primário de parapercepções.

Desenvolvimento. Como qualquer atributo consciencial, o autoparapsiquismo também se desenvolve pelo esforço e experiência pessoal, sendo resultado de vivências acumuladas ao longo das múltiplas vidas intrafísicas, desde a condição de subumano.

Temperamento. Os traços da personalidade e o temperamento também podem predispor ou dificultar determinadas manifestações do parapsiquismo, ao modo da passividade parapsíquica, tão importante para a prática da tenepes.

Submissa. A conscin submissa, acomodada à condição de liderada predisposta a obedecer e aceitar acriticamente situações de subalternidade, subserviência ou mesmo servilismo, tenderá a ter as mesmas posturas de passividade patológica nas interações com as consciexes.

Influenciável. É o mesmo caso da pessoa influenciável e facilmente hipnotizável por ter pouco senso crítico e deixar-se facilmente levar pelas opiniões e vontades alheias.

Neutralidade. Tais fatos demonstram que a condição de passividade parapsíquica não é sempre algo sadio, pois apesar de o sensitivo inconsciente e passivo estar aberto à manifestação do amparador, frequentemente, deixa a *porta aberta* para o heteroassédio e dá permissão ao domínio anticosmoético de consciexes sectárias.

Seitas. Assim ocorre, rotineiramente, nas inúmeras religiões e seitas fundamentadas no mediunismo, nas quais o sensitivo é mero instrumento passivo, sem autodeterminação, vontade própria ou discernimento atuante, sendo mero *cavalo,* quando não vítima apática de heteroassediadores.

Ativa. Contudo, considerando a serialidade existencial, essa passividade parapsíquica primária, inconsciente, é por vezes o estágio inicial, a antecâmara da manifestação mais evoluída da passividade alerta, autoconsciente, do transe parapsíquico lúcido da conscin perante a consciex assistida e o amparador, o qual ocorre, por exemplo, na tenepes e na aplicação do *arco voltaico craniochacral.* Paradoxalmente, até o criminoso semipossesso está desenvolvendo o autoparapsiquismo.

Autocrata. Em contrapartida, a personalidade de índole autocrata, dominadora, não terá facilidade em permitir a manifestação da consciex amparadora através de si. A postura peremptória e de superioridade representa justamente o fechadismo antípodo às condições basilares de abertismo consciencial e obediência passiva-alerta necessárias ao desenvolvimento da passividade parapsíquica interassistencial.

Ideal. A personalidade predisposta a manifestar de modo hígido a passividade parapsíquica alerta, mais avançada, é aquela capaz de transitar, sem maiores problemas de autocracia, orgulho ou sujeição cega, entre a conduta passiva e alerta durante o transe parapsíquico, procurando adequar-se da melhor maneira ao contexto assistencial, sem abdicar da lucidez e da vontade pessoal.

Características. A tabela 4, apresenta, na ordem alfanumérica, o quadro comparativo com 10 itens de traços do temperamento dos 3 perfis de personalidade citados anteriormente:

Tabela 4 – **Quadro comparativo de traços do temperamento dos 3 perfis de personalidades.**

Nºs	Passiva inconsciente	Autocrata	Passiva alerta
01.	Abulia	Peremptoriedade	Autodeterminação
02.	Acriticidade	Criticidade draconiana	Criticidade cosmoética
03.	Autoestima baixa	Autoestima inflada	Autoestima sadia
04.	Autoinsegurança passiva	Autoinsegurança agressiva	Autossegurança assertiva
05.	Autossujeição indiscriminada	Fechadismo consciencial	Abertismo consciencial
06.	Fé	Desconfiança	Autoconfiança

07.	Heterodominado	Heterodominador	Autodominador
08.	Liderado acomodado	Líder dominador	Líder-liderado contextual
09.	Subordinação	Competitividade	Cooperatividade
10.	Vítima de vampirização	Cascagrossismo	Soltura energossomática

Recin. Na análise acurada desta tabela, o leitor ou a leitora, pode observar a mensagem ínsita de que o desenvolvimento da passividade alerta e do parapsiquismo lúcido, de modo geral, sempre exige a reciclagem intraconsciencial.

Capítulo 30

Mudança de Bloco Pensênico

Ortopensenidade. O ideal é pensar, ininterruptamente, de modo linear, racional, correto e cosmoético, sem se deixar conduzir, desavisadamente, pelos inúmeros estímulos internos, externos, intrafísicos e extrafísicos, capazes de tirar o controle lúcido dos autopensenes. *O paracérebro é máquina de pensenizar.*

Automonitorização. O autocontrole pensênico começa pela aquisição do hábito de manter o monitoramento contínuo do que se passa na intraconsciencialidade, discernindo quaisquer intrusões, até mesmo aquelas positivas, ao modo do xenopensene assistencial do amparador.

Modificação. Para manter a higidez pensênica, em algumas situações, deve-se mudar, rápida e intencionalmente, o bloco da autopensenidade, deslocando o foco da concentração mental de determinado conjunto de pensenes afins, para outro.

Paratecnologia. Tendo em vista a *Homeostaticologia,* eis, por exemplo, na ordem alfanumérica, 14 situações indicadas para a aplicação da *técnica da mudança do bloco pensênico:*

01. **Antibatopensenidade.** Livrar-se do monoideísmo patológico.
02. **Anticunha.** Neutralizar a cunha mental assediadora.
03. **Antiemocionalidade.** Interromper o fluxo de emoções negativas.
04. **Assistenciologia.** Finalizar as práticas assistenciais.
05. **Autorreciclagem.** Renovar a autopensenidade.
06. **Autotares.** Desobstruir o próprio mentalsoma.
07. **Concentraciologia.** Facilitar a concentração mental.
08. **Evocaciologia.** Evitar evocações desnecessárias.
09. **Interlocução.** Modificar o tema da interlocução.
10. **Neoabordagem.** Sair do labirinto do pensamento cíclico.
11. **Neodeias.** Obter neoideias sobre assunto de interesse.
12. **Ortopensenidade.** Excluir o pecadilho mental da autopensenidade.

13. **Rendimentologia.** Aumentar o rendimento pessoal nas atividades diárias.

14. **Sonífero.** Combater a insônia.

Profilaxiologia. Exemplo da mudança de bloco pensênico profilática é a prática consolidada do assistente veterano de não mais pensar sobre os pormenores do caso logo após a finalização do atendimento. Tal procedimento, aliado à mobilização das energias conscienciais (ECs) é essencial para a efetiva desassimilação simpática (desassim) das energias conscienciais alheias, nem sempre sadias.

Antidesassimilação. Quando o assistente permanece pensenizando com carga emocional sobre a sintomatologia do paciente, não consegue implementar a devida desassim e fica suscetível aos efeitos patológicos da intoxicação energética.

Rendimentologia. A aplicação da *técnica da mudança do bloco pensênico,* também colabora para o aumento do rendimento na consecução das diversas atividades pessoais diárias, principalmente na efetiva alternância de tarefas.

Tenepessologia. O autodesempenho na prática da tenepes, por exemplo, é diretamente afetado pelo estado de passividade mental e psicomotora alcançado pelo tenepessista, o qual, por sua vez, demanda primeiro, a desassimilação das atribulações e problemas ocorridos no decorrer do dia.

Desassim. A desassim é feita no início da prática, pela exteriorização de ECs, justamente em favor daquelas consciências e contextos problemáticos com os quais teve contato nas últimas 24 horas. Depois disso, o tenepessista estará mais apto a mudar o bloco pensênico e se dedicar, integralmente, às demandas trazidas pelo amparador de função.

A Dificuldade com os Fixopensenes

Dificuldade. A conscin pode ter dificuldade de mudar o foco da concentração mental e alterar de bloco pensênico, mesmo quando lúcida em relação à ilogicidade ou anticosmoética da própria pensenidade doentia.

Gravitantes. Certos pensamentos ou emoções parecem ficar aderidos ao holopensene pessoal, ao modo do assunto crítico discutido na conversa recente ou daquela música, difícil de tirar da cabeça.

Indicador. Essas miniassimilações energéticas nem sempre evoluem para alguma condição mais problemática de assédio e, por vezes, se dispersam espontaneamente. Contudo, não deixam de ser indicadoras da falha na promoção da autodesassim e da falta da mudança de bloco pensênico preventivo.

Dificultadores. Diversos fatores, tanto intraconscienciais quanto extraconscienciais, podem atuar na condição de agentes fixadores da autopensenização, dificultando, deste modo, a mudança do bloco pensênico. Eis, 14 exemplos, expostos a seguir na ordem alfanumérica:

01. **Afinidades energéticas negativas.**
02. **Apego aos autotraf*a*res.**
03. **Apriorismose.**
04. **Autoidentificação com os patopensenes.**
05. **Bagulhos energéticos.**
06. **Carências diversas.**
07. **Emoções mal resolvidas.**
08. **Esquemas cognitivos disfuncionais.**
09. **Lavagem cerebral.**
10. **Paixonites.**
11. **Preconceitos.**
12. **Recexofobia.**
13. **Teimosia.**
14. **Traumas emocionais.**

Cunha. Não se deve minimizar qualquer ideia ou sentimento persistente, a cunha mental infiltrada pelo assediador extrafísico, por exemplo, começa com a ideia aparentemente inocente, todavia com potencial de crescer dentro do microuniverso consciencial e se tornar o típico monoideísmo patológico predisponente à heteroinfluenciação negativa.

Parapatologia. A fixopensenidade negativa mantém diversas patologias e parapatologias. Transtornos mentais graves, tais como a esquizofrenia, a depressão, a bipolaridade, as parafilias, entre outros, são embasados nesse tipo de pensamento e emoções obsessivas.

Autoassediologia. Quando o autoassédio já está instalado e dominando a autopensenidade, a *técnica da mudança do bloco pensênico* não tem mais função profilática, mas terapêutica, estando no escopo da redução de danos, sendo mais difícil e demandando maiores esforços pessoais, além da intensa mobilização das ECs.

Autoconscienciotherapia. É imprescindível interromper o fluxo de pensenes autoassediadores para evitar ou cortar os heteroassédios, contudo, a resolução definitiva do problema deve focar a causa, ou mais especificamente, a remissão das predisposições patológicas ainda presentes na intraconsciencialidade e sustentadoras dos fixopensenes doentios.

Supressão. Mudar de bloco pensênico não é o mesmo que suprimir sentimentos, pensamentos e eventos mentais, algo que, constantemente, tem o efeito oposto do esperado, fazendo-os se apresentarem com maior frequência na tela mental, nos sonhos ou quando a conscin está na condição projetada.

Briga. Também não é combater os patopensenes, declarando uma batalha interna no momento em que eles aparecem, mas pensenizar ativamente sobre outros assuntos sem qualquer correlação ou afinidade com o bloco de pensenes anterior.

Facilitadodes da Mudança de Bloco Pensênico

Cosmovisiologia. Existem características intraconsciencias que flexibilizam a autopensenização e facilitam a mudança de bloco pensênico, por exemplo, quanto maior a cosmovisão e a multiplicidade de interesses, maior facilidade a conscin terá em transitar por diversas linhas de cognição.

Auto-organizaciologia. A pessoa mais organizada tende a ter maior facilidade na mudança de bloco pensênico, por exemplo, ao estabelecer e seguir disciplinadamente, qual rotina útil, cronograma de atividades diárias.

Atividades. Mudar temporariamente o bloco de atividades também auxilia na desconexão de determinado fluxo de pensenização indesejado. Cabe a cada conscin identificar, de acordo com as preferências, atividades mais indicadas para se atingir tal fim, ao modo destes 10 exemplos dispostos a seguir, na ordem alfanumérica:

01. **Esteira.** Exercitar-se na esteira ergométrica.
02. **Filme.** Assistir à película cinematográfica escolhida.
03. **Holoteca.** Pesquisar o acervo de livraria, biblioteca pública ou da Holoteca do *Centro de Altos Estudos da Conscienciologia* (CEAEC).
04. **Interassistência.** Dedicar-se a ajudar alguém.
05. **Leitura.** Ler livro selecionado sobre tema de interesse.
06. **Passeio.** Passear em locais agradáveis da cidade, em parques ou no calçadão da orla marítima ou ribeirinha.
07. ***Pet.*** Analisar o comportamento do animal de estimação.
08. **Plantas.** Examinar as minúcias da fitodiversidade.

09. **Refeição.** Ir ao restaurante preferido com os amigos.

10. **Tertúlia.** Participar de debates construtivos, ao modo dos realizados no Círculo Mentalsomático no *Tertuliarium* do CEAEC.

Autorreflexão. Vale ressaltar que o hábito da autorreflexão desenvolve a flexibilidade cognitiva, atributo essencial para se realizar com efetividade a mudança de bloco pensênico, quando necessário.

Autodesassedialidade. A vivência da autodesassedialidade permanente requer autoeficiência taquirrítmica na mudança de bloco pensênico.

Capítulo 31

Autoavaliação Energossomática

Definição. A *técnica do autoparadiagnóstico energossomático* é o conjunto de procedimentos aplicados à identificação do grau de homeostasia ou parapatologia do energossoma pessoal, por meio da sondagem bioenergética dos 7 chacras primários (magnos) e secundários (plantochacras, palmochacras e nucochacra), de maior relevância nas interações e práticas energético-parapsíquicas.

Sinonimologia: 1. *Técnica autoparassemiológica.* 2. Autoconscienciometria energossomática. 3. Autoexegese parapsíquica. 4. Definição do perfil parapsíquico pessoal. 5. Autossondagem bioenergética. 6. *Técnica da autoauscultação energética.*

Antonimologia: 1. *Técnica do heterodiagnóstico energossomático.* 2. Heteroparassemiologia. 3. Paraconscienciometria alheia. 4. Autoprescrição parapsíquica.

Inter-relação. Considerando as inter-relações entre os veículos do holossoma, a homeostase energossomática estará sempre correlacionada à saúde dos demais veículos de manifestação consciencial.

Reações. O energossoma reage aos pensamentos e emoções do indivíduo, contudo 3 chacras apresentam relações mais próximas com os veículos de manifestação consciencial (Vieira, 2010), são eles:

1. **Esplenicochacra:** relação com o energossoma ou paracorpo energético na convivência do ego com as energias, em qualquer ambiente.
2. **Cardiochacra:** relação com o psicossoma ou paracorpo das emoções nos aspectos da afetividade e das emoções pessoais.
3. **Coronochacra:** relação com o mentalsoma ou paracorpo do discernimento no processo da transmissão das ideias.

Soma. Há também total interdependência e estreita solidariedade entre o energossoma e o corpo humano. As alterações de um acarretam alterações no outro veículo. A partir desse fato, se fundamenta, por exemplo, a Acupuntura, técnica terapêutica existente há cerca de 6 mil anos.

Saúde. Dessa maneira, a conscin autopesquisadora pode perscrutar as condições da própria saúde holossomática a partir da autoavaliação energossomática e, mais especificamente, por meio da sondagem do modo de funcionamento de chacras específicos.

Participativa. Não se deve esquecer que pelo *princípio da pesquisa consciencial participativa* e devido à natureza das ECs, o fato de o experimentador simplesmente sondar determinado chacra, próprio ou de terceiros, inevitavelmente, já estará influindo no estado do vórtice bioenergético.

Técnica. A autoavaliação energossomática poder ser executada por meio da *técnica do autoparadiagnóstico energossomático,* a qual é realizada pela ativação sequencial, ascendente, de chacras magnos e médios, em geral, aqueles de maior importância nas interações e práticas energéticas. Eis, em ordem funcional, sequência de ativação dos chacras:

01. **Plantochacras.** A pré-kundalini.
02. **Sexochacra.** A *kundalini,* chamada pelos antigos de *fogo serpentino.*
03. **Esplenicochacra.** O centro de distribuição das ECs.
04. **Umbilicochacra.** O instinto; o subcérebro abdominal.
05. **Cardiochacra.** O reflexo da saúde afetiva da conscin.
06. **Palmochacras.** As extensões do cardiochacra; a assistência com a imposição das mãos.
07. **Laringochacra.** A relação com a comunicabilidade pessoal.
08. **Nucochacra.** A inserção energética na base do sistema nervoso central.
09. **Frontochacra.** O chacra frontal ou o terceiro olho.
10. **Coronochacra.** O chacra coronário, a antena parabólica consciencial.

Ativação. A ativação individual, chacra a chacra, pode ser realizada por manobras localizadas e alternadas de exteriorização e absorção de energias, durante determinado tempo, por exemplo, de 1 a 5 minutos ou até a percepção de ativação máxima do chacra.

Parapercepções. Ampla gama de parapercepções é possível na autossondagem bioenergética dos chacras, cada qual sendo fonte de informações sobre o estado funcional do órgão energético e, consequentemente, da saúde dos demais veículos de manifestação consciencial.

Significado. Além das parapercepções propriamente ditas, importa, sobretudo, para o pesquisador ou pesquisadora atenta, estabelecer as interpretações, hipóteses e teorias pessoais sobre as próprias experiências visando identificar o significado do parafenômeno e das parapercepções.

Autocriticologia. Daí a importância da anotação detalhista e isenta das vivências pessoais e da autocrítica parafenomenológica apurada na análise dos experimentos.

Generalização. Algumas parapercepções, contudo, podem ser classificadas de modo geral como sadias, por exemplo, quando os chacras apresentam livre fluxo de absorção ou exteriorização de energias; ou patológicas, quando, por exemplo, o chacra está bloqueado para a passagem de energias.

Comuns. Eis por exemplo, na ordem alfanumérica, 11 parapercepções comumente relatadas pelas conscins, de significado mais evidente em relação ao funcionamento chacral:

01. Dificuldade para absorver as energias pelo chacra.
02. Dificuldade para exteriorizar as energias pelo chacra.
03. Facilidade para absorver as energias pelo chacra.
04. Facilidade para exteriorizar as energias pelo chacra.
05. Fluxo limitado de energias pelo chacra.
06. Fluxo livre de energias pelo chacra.
07. Sensação de aperto na região do chacra.
08. Sensação de baixa atividade do chacra.
09. Sensação de bloqueio do chacra.
10. Sensação de inatividade do chacra.
11. Vibração localizada no chacra.

Sutilezas. Porém, como é da natureza da *Parafenomenologia*, as parapercepções sempre apresentam aspectos particularíssimos, restritos à intraconsciencialidade do experimentador, cabendo, dessa maneira, a ele encontrar os pormenores do conteúdo das autoparapercepções.

Autopesquisa. Nesse caso, para aprofundar o entendimento de si mesmo, além de aliar as autoparapercepções (99% de prática) aos dados já coligidos da autopesquisa, a exemplo de traços da personalidade, temperamento, tendências e autopredisposições, não menos importante é buscar a fundamentação teórica sobre o assunto (1%), estudando com afinco temáticas como a teoria das relações interchacrais e das relações interveiculares, ente outras.

Reações. Além das próprias parapercepções das ECs, ao se concentrar para ativar determinado vórtice energético, o parapsiquista pode experimentar inúmeras modalidades de sensações físicas, fisiológicas, emocionais e mentais. Eis, na ordem alfanumérica, 18 exemplos, entre dezenas de outros possíveis:

01. **Bem-estar.** Estado de satisfação plena, sensação de segurança, conforto e tranquilidade.
02. **Clarividência.** Visualização clarividente de conscins, consciexes, assistidos, assistentes ou ambientes.
03. **Concentração.** Aumento ou diminuição da atenção ou concentração.
04. **Devaneio.** Alheamento ou devaneio quando os exercícios chegam em determinado chacra.
05. **Dor.** A dor na região de um chacra ou na cabeça, por exemplo.
06. **EAC.** Estados alterados de consciência.
07. **Emoção.** Emoções diversas: tristeza, alegria, euforia, medo, angústia, entre outras.
08. **Enjoo.** Náusea.
09. **Evocação.** Evocação de consciex com conexões em chacra específico.
10. **Iscagem.** As sensações e sinalética pessoal de iscagem interconsciencial.
11. **Lucidez.** Aumento ou perda da lucidez.
12. **Magnetismo.** Percepção de ativação magnética no chacra.
13. **Mal-estar.** Sensação desagradável de perturbação no organismo; indisposição, estado de inquietação, de aflição mal definida; ansiedade, insatisfação.
14. **Memória.** Lembrança de pessoas ou situações específicas.
15. **Peso.** Sensação de aumento de peso ou leveza no chacra ou região do soma.
16. **Pressão.** Sensação de opressão geral ou em chacra específico.
17. **Retrocognição.** Lembrança de eventos passados desta ou de outra existência.
18. **Temperatura.** Sensação localizada ou generalizada de frio ou calor.

Questionamentos. Eis, na ordem alfanumérica, 4 questionamentos importantes para o autopesquisador em relação aos próprios experimentos parapsíquicos e para identificar, com maior clareza, os diferentes significados de cada percepção:

1. **Ativo.** Qual chacra está se manifestando de modo prioritário?

2. **Consciexes.** Identifiquei a presença de consciexes? O padrão das energias era de amparador ou de assediador?

3. **Monopólio.** Percebi o monopólio patológico de algum chacra específico?

4. **Sensação.** Sinto dificuldade na percepção das ECs em determinada região do energossoma?

Capítulo 32

Autodesassimilação Energética

Contrapensenes. Pensar sobre o mal de alguém não é o mesmo que pensar mal de alguém. Na prática da tares, é essencial a identificação dos erros e traf*a*res alheios, porém é conduta assediadora desqualificar deliberadamente os outros e carregar com energias negativas as heterocríticas.

Corrupção. Sentir indignação cosmoética ao se deparar com as mazelas causadas pelas ações do político autocorrupto não é negativo, porém sentir ódio do *curupira* é conduta indefensável de assediador intrafísico.

Evocação. A heterocrítica carregada negativamente, mesmo quando não verbalizada, restrita ao mundo mental, até no pseudoisolamento do holopensene residencial, é capaz de fazer a evocação instantânea de assediadores e desencadear a assimilação energética *antipática,* imediata, de energias conscienciais patológicas.

Projeção. Ninguém perde por avaliar, com autocrítica sincera, quando o comportamento ou os traços da personalidade de alguém causam incômodo e reações emocionais desproporcionais. Certas heterocríticas desmedidas podem ser tentativa de acobertar de si mesmo os próprios traf*a*res, por vezes, ainda não reconhecidos ou assumidos.

Intencionologia. O viés da intencionalidade no *aqui agora multidimensional* define a natureza das conexões pensênicas da conscin, conectando-a aos amparadores, guias cegos ou assediadores extrafísicos.

Tempo. A mini-intoxicação energética (miniassédio inconsciente) causada pela crítica anticosmoética ou por qualquer outra condição, não raro, evolui para o estado de assimilação patológica (heteroassédio instalado), podendo durar, desde pequeno intervalo de tempo, até horas, dias, anos ou a vida inteira da consciência intrafísica.

Efeitos. Todo esforço é válido para evitar o prolongamento da assimilação *antipática* e as respectivas consequências adversas. Eis, por exemplo, na ordem alfanumérica, 9 categorias de efeitos, notoriamente antievolutivos, do heteroassédio originado a partir de assimilações patológicas:

1. **Alterações cognitivas:** hipomnésia; aumento da distração; dificuldade de elaboração mental; ideia fixa patológica inamovível.

2. **Alterações do sono:** insônia; sono excessivo.

3. **Alterações emocionais:** exacerbação emocional; pusilanimidade; medo infundado; antagonismos em ambientes assistenciais; sensação de pré-desastre; crises de insegurança pessoal.

4. **Alterações na sexualidade:** sexopensenidade persistente; aumento das fantasias sexuais; perda de desejo pelo parceiro ou parceira; orgasmos frustros; projeções semiconscientes de ordem parassexual (íncubos e súcubos).

5. **Alterações parapsíquicas:** redução do nível pessoal de paraperceptibilidade; trancamento hipnótico do parapsiquismo; redução ou perda da conexão com o amparo.

6. **Bloqueios energossomáticos:** bloqueios corticais; impedimento do estado vibracional.

7. **Efeitos somáticos:** dores de cabeça, náuseas, tremores; instalação de minidoenças, notadamente no *locus minore resistentiae* pessoal.

8. **Fenômenos físicos adversos:** miniacidentes domésticos (quebra de copos; problemas no computador); acidentes de percurso até a *macro PK destrutiva;* pedágios parapsíquicos; *poltergeists.*

9. **Redução da vitalidade:** desmotivação; cansaço repentino; preguiça de mobilizar as energias conscienciais; vampirização energética.

Priorologia. Considerando a criticidade das condições da listagem anterior, o leitor ou leitora, há de concordar que ao se perceber assimilado com energias perturbadoras, deve considerar como prioridade imediata do momento evolutivo a promoção do autodesassédio pela *técnica da autodesassim* (autodesassimilação simpática das ECs) de eleição.

Exteriorização. A autodesassim é exercida pela impulsão da vontade, normalmente através do estado vibracional (V. Vieira, 2010), mas também pode ser realizada por outras técnicas, ao modo da exteriorização intensa das ECs ou pela ativação e desbloqueio dos 7 chacras principais.

Identificação. O ideal é o experimentador testar diferentes manobras energéticas para adquirir *know how* e identificar aquela mais adequada à própria parafisiologia para favorecer a autodesassim.

Vontade. Se existe algum procedimento indispensável para a promoção da desassim, é ter autoconfiança e colocar o máximo da vontade na execução da manobra energética escolhida, sem qualquer tipo de inculcação, principalmente com eventuais assediadores.

Persistência. Outro fator importante é persistir nas manobras energéticas o tempo que for necessário até que se tenha segurança de que houve a desassimilação completa. Segundo Vieira (2010), quanto mais evoluída é a consciência, mais intensa é sua potência energética, e menos tempo e esforço precisa para a autodesassim.

Para-assepsia. Não existe meia desassimilação, o autodesassédio somente ocorre com a para-assepsia total da psicosfera pessoal. A permanência de quaisquer resquícios de energias intrusoras permitirá o novo reforço da assimilação patológica, ao modo do ferimento mal tratado, sem a higienização adequada, voltando a infeccionar.

Evitações. Eis, por exemplo, na ordem alfanumérica, 10 condutas autocorruptoras e impedidoras da autodesassim a serem evitadas e combatidas pela conscin voliciolínica, autodefensiva e dominadora das energias conscienciais na vida prática:

01. **Auto-hipnose.** Considerar-se incapaz de realizar a desassim por si mesmo – "não vou conseguir mesmo".

02. **Dependência.** Depender de alguém, ao modo de conduta-padrão, para ajudar na desassimilação – "eu sempre preciso de ajuda para isso".

03. **Distração.** Mudar o foco da atenção pessoal para outra atividade secundária, mas assumida como mais importante do que a persistência na autodesassim – "eu não posso gastar o meu tempo com isso agora".

04. **Dormir.** Dormir enquanto mobiliza as energias conscienciais – "estou cansado".

05. **Impaciência.** Irritar-se por não conseguir os resultados mais rapidamente – "quero resolver logo isso".

06. **Inação.** Desistir de fazer a autodesassim e esperar que o incômodo passe por si só – "daqui a pouco isso passa".

07. **Interferência.** Não dar continuidade à desassim após alguma interferência externa, deixando resquícios das energias gravitantes – "acho que já desassimilei tudo".

08. **Minimização.** Minimizar os possíveis efeitos adversos da assimilação antipática – "é só uma pequena assimilação, não vai dar em nada".

09. **Preguiça.** Ceder à preguiça de mobilizar as ECs – "isso dá muito trabalho".

10. **Remédio.** Eliminar pela automedicação o incômodo causado pela assimilação antipática, pelo fato de considerar esse o meio mais prático ou mais rápido – "vou tomar um remédio e resolver logo isso".

Autodefensividade. As manobras de autodesassim importam sobretudo para o energizador lúcido interassistencial, pois a assistência energética sempre envolve algum nível de acoplamento áurico ou de assimilação de ECs, a qual, mal desassimilada, pode resultar nos mesmos efeitos patológicos já relatados. *Não dá para ser inocente nas práticas do heterodesassédio.*

Capítulo 33

Autodiscernimento Bioenergético Ambiental

Visitas. Compromissos inerentes à vida humana, por vezes, nos levam a visitar ou a frequentar ambientes problemáticos tendo em vista a qualificação das energias gravitantes, alguns dos quais, possuem holopensenes ambíguos, outros, claramente negativos.

Escolha. Cabe ao intermissivista, conscienciólogo parapsiquista, perante tal experiência rotineira para quem vive nesta dimensão intrafísica, escolher entre essas 3 posturas, expostas em ordem crescente evolutiva:

1. **Passividade.** Assumir postura passiva, assimilando inconscientemente as energias gravitantes patológicas.
2. **Autodefensividade.** Assumir postura ativa, visando à autodefesa energética e até mesmo o autoencapsulamento parassanitário, quando necessário.
3. **Interassistencialidade.** Assumir postura ativa, mobilizando as ECs e procurando higienizar e desassediar o ambiente onde se encontra.

Patológica. A conduta de passividade, nesse caso antievolutiva, certamente não é a mais indicada para ninguém. Ao vitimar-se dessa maneira, a conscin provavelmente sofrerá os efeitos comuns das assimilações *antipáticas* e iscagens interconscienciais inconscientes, ao modo destes 10, elencados a seguir em ordem alfanumérica (Vieira, 2010):

01. **Bloqueios corticais.**
02. **Bloqueios parapsíquicos.**
03. **Dores de cabeça.**
04. **Exaurimento energético.**
05. **Irritabilidade.**
06. **Obnubilação mental.**
07. **Ocorrência de miniacidentes de percurso.**

08. **Percepção de risco iminente.**
09. **Sensação de opressão no tórax.**
10. **Sensação de peso nos ombros.**

Assédio. Tais sintomas remetem ao seguinte diagnóstico: a conscin ficou assediada.

Viabilidade. A depender do ambiente, a postura autodefensiva pode ser a mais indicada por não ser viável ou conveniente a atuação direta sobre as energias ambientais e consciências presentes. Tal decisão depende, sobretudo, do autodiscernimento aplicado a cada contexto existencial.

Exemplo. Caso a pessoa esteja esperando o ônibus na central rodoviária da grande cidade, em geral, não convém ficar aberto, muito menos desatento quanto às próprias energias, nem também buscar *limpar* energeticamente todo o ambiente. Nesse caso, segue-se o princípio: *só deve por banca quem tem competência.*

Homeostático. Se for preciso permanecer por mais tempo ou frequentar determinado ambiente, ao modo de escritório empresarial, o melhor para si e para os demais é que o local esteja livre de energias gravitantes patológicas e, consequentemente, de consciexes energívoras.

Antecipação. O ideal é atuar antecipadamente, premeditando as próprias ações futuras antes mesmo de adentrar o ambiente.

Deslocamento. Pode-se exteriorizar ECs homeostáticas, com vontade firme, para o local, enquanto se desloca para lá, marcando presença energética pessoal sadia e desassediadora.

Chegada. Ao chegar no local, por vezes, é importante implantar o próprio padrão homeostático, não intrusivo e assistencial, a partir da instalação de campo bioenergético.

Sinalética. A partir da consecução de tais procedimentos, é comum a pessoa atuar ao modo de isca interconsciencial. Nesse caso, a discriminação da sinalética parapsíquica pessoal será de grande auxílio para a atuação mais decisiva.

Amparabilidade. Quando se assume condutas como essas, a conscin se torna epicentro assistencial e cria campo favorável à participação ostensiva de amparadores extrafísicos, os quais atuarão com o intuito de auxiliar, na assistência energética anônima em curso, às conscins e às consciexes frequentadoras do ambiente.

Prática. A prática dessa modalidade de assistência expande, pouco a pouco, as parapercepções do assistente, e com o passar do tempo, além

da autossinalética, sentirá os parabanhos energéticos dos amparadores, podendo obter informações parapsíquicas sobre as consciências presentes, entre outros dados relevantes sobre os parafatos do momento.

Indicador. É importante estabelecer indicadores confiáveis para a avaliação do saldo das próprias intervenções assistenciais em contextos como esses. Eis, na ordem lógica, 3 questionamentos pessoais importantes a serem feitos após a presença pessoal em qualquer ambiente físico ou extrafísico:

1. **Interconsciencialogia.** As consciências com as quais interagi ficaram melhores?
2. **Extraconscienciologia.** Depois da minha saída, as energias ambientais ficaram melhores quando comparadas a como estavam antes?
3. **Intraconscienciologia.** Estou melhor ou pior holossomaticamente comparado a quando entrei nesse ambiente?

Respostas. As respostas a essas 3 perguntas simples, indicam o resultado das intervenções pessoais, bem como a qualificação da escolha quanto à postura pessoal passiva, autodefensiva ou interassistencial.

Exceção. É importante também salientar: a conscin lúcida procura selecionar com discernimento as companhias e os ambientes frequentados por ela. Frequentar ambientes negativos e assediados justifica-se somente se a prioridade do trabalho assistencial pessoal assim o exige, sendo conduta-exceção.

Capítulo 34

Evocações Interconscienciais

Atração. O ato de recordar de alguém ou de alguma experiência extrapola o universo íntimo da consciência. A evocação atrai não só pensamentos, sentimentos e energias remotos (retropensenes) próprios, mas também os de outrem.

Chamado. Evocar retropensenes, conscientemente ou não, pode resultar em verdadeiro chamamento consciencial, suscetível de ser atendido.

Conscins. Se a consciência evocada está na condição intrafísica, o pensamento sobre ela, mesmo quando fugaz, pode desencadear desde fatos corriqueiros, considerados curiosas coincidências, como o caso da recepção do telefonema da colega logo após ter pensando nela, até encontros extrafísicos entre conscins projetadas, por vezes residindo em cidades ou países diferentes.

Caso. Eis exemplo de encontro extrafísico desencadeado por evocação inconsciente de conscin: durante o dia a moça assistiu a série televisiva e certa cena ativou a lembrança do ex-namorado, sobre quem não pensava há vários anos. A rememoração foi apenas momentânea e a moça não voltou mais a pensar no assunto ao longo do dia atribulado. Após recolher-se ao leito, experienciou projeção semiconsciente, na qual junto a enredos oníricos, estabeleceu diálogo coerente com o antigo namorado, inclusive procurando ajudá-lo, esclarecendo-o, entre outros aspectos, sobre a importância da amizade do casal íntimo.

Amparo. A lembrança estabeleceu a conexão pensênica com o ex-namorado, com o qual já possuía *rapport* e favoreceu o reencontro extrafísico interassistencial. Nesses casos, é importante considerar a hipótese da atuação de amparador extrafísico, por vezes, desde o momento da evocação até o patrocínio do encontro extrafísico assistencial.

Nosográfica. Quando a evocação interconsciencial é patológica, gera acoplamentos energéticos indesejados, miniassédios inconscientes e cria as bases para heteroassédios mais graves.

Intenção. Aqui entra o valor insubstituível da intencionalidade e do desejo de acontecer o melhor para todos, ao se pensenizar sobre qualquer outra consciência ou princípio consciencial.

Consciexes. Quando a personalidade evocada está na condição existencial extrafísica, em geral, se encontra mais livre para comparecer pessoalmente ao chamamento. Há também a possibilidade de aparecerem outras consciexes, componentes da equipe extrafísica da consciex-alvo da evocação.

Permanência. A consciex evocada pode permanecer por tempo indefinido ao derredor da conscin evocadora. Tais fatos explicam a parapercepção dos parapsiquistas de que a maioria dos componentes da Humanidade estão acompanhados de consciexes, sem o saberem.

Amplitude. O fenômeno da evocação não é desencadeado somente pela ativação da memória cerebral ou paracerebral (holomemória). Até pessoa desconhecida, seja ela pública ou não, conscin ou consciex, pode ser evocada apenas pela autopensenização.

Rapport. A evocação pode ser potencializada por elementos de *rapport* com a consciência-alvo, a exemplo da simples fixação mais concentrada da atenção, de modo consciente ou inconsciente, na imagem de alguém registrada na fotografia.

Estimativa. A partir deste fato, pode-se estimar o quanto as pessoas desconhecedoras dessa realidade fazem evocações inconscientes e sofrem os possíveis efeitos patológicos desse fenômeno.

Objetos. Alguns objetos funcionam, por si sós, como verdadeiros sinalizadores extrafísicos, polos atratores de energias gravitantes e consciências afins. Isso se dá devido à qualidade e à intensidade da imantação das energias gravitantes sobre eles.

Influências. Tais artefatos influenciam no holopensene do ambiente onde se encontram, podendo ter efeitos sadios ou patológicos, inclusive predispondo às manifestações mais ostensivas de consciexes e fenômenos físicos (*poltergeists*), sempre a depender da qualidade da energia carregada no objeto. *Existem os mimos e os bagulhos energéticos.*

Residência. A implantação e a manutenção da defesa energética da residência ou base intrafísica, sobretudo da blindagem do quarto do casal, exigem a avaliação criteriosa dos objetos componentes da decoração da casa. *Os antiquários estão repletos de bagulhos energéticos valendo milhares de dólares.*

Sondagem. O ideal é sondar as energias conscienciais e avaliar racionalmente o potencial de evocação negativa ou positiva de qualquer objeto disposto no entorno pessoal, inclusive de presentes oferecidos com a maior boa intenção.

Taxologia. Eis, por exemplo, na ordem alfanumérica, 14 exemplos de objetos, alguns indefensavelmente evocadores da Baratrosfera, outros, com potencial para desencadear evocações doentias, que devem ser cuidadosamente avaliados e sondados energeticamente:

01. Antiguidades.
02. Armas de qualquer tipo.
03. Camisas e roupas com estampas, figuras e palavras negativas.
04. Cartas ou e-mails de antigos relacionamentos ou de conflitos findados.
05. Estátuas.
06. Fotografias de outras pessoas quando dispostas no quarto do casal.
07. Imagens religiosas em geral.
08. Joias, principalmente herdadas ou de segunda mão.
09. Medalhas ou objetos que façam alusão às guerras.
10. Objetos íntimos de parentes e ex-residentes dessomados.
11. Objetos pessoais sem uso.
12. Quadros.
13. Relíquias, oferendas, patuás e despachos.
14. Roupas de outras pessoas.

Apego. O apego afetivo a algum objeto pode interferir na avaliação crítica do padrão da sua imantação energética. Não raro, artefatos valorizados afetivamente são os mais propensos a desencadear evocações doentias.

Corpo. Algumas pessoas fazem do próprio corpo, o objeto de maior valor da conscin, fulcro de atração de consciexes doentias e acidentes de percurso (autoestigma somático), a exemplo de muitas tatuagens evocativas e tribais.

Analogia. Com relação ao modismo das tatuagens, não se pode desconsiderar os parafatos de que, em muitos casos de conscin tatuadas, a ideia original (inspiração baratrosférica) de fazer o estigma somático foi da consciex, guia amaurótico ou assediador, com *jogo de mando* sobre a conscin submetida, vitimizada. Tal parafato deplorável chama a atenção pela enorme semelhança à prática indigna do uso do ferrete, ou ferro em brasas, para marcar a posse de gado e, no passado, estigmatizar escravos e prostitutas.

Histórico. Na avaliação quanto a manter a posse de objetos, também se deve levar em consideração o histórico pessoal, por exemplo, para o pesquisador cético, o livro religioso disposto na estante da biblioteca pessoal não gera problemas por evocações. Já para o ex-crente, ainda tentando superar a lavagem cerebral de determinada religião reforçada pela leitura assídua do mesmo livro, o volume é bagulho energético e o ideal é afastá-lo do holopensene pessoal, bem como outros itens correlatos.

Dúvida. A conscin determinada a melhorar a defesa do holopensene residencial procura descartar qualquer bagulho energético. Caso surja a dúvida quanto a manter ou não certo material, a melhor alternativa é descartar, vender ou doar o item ao invés de conservá-lo.

Prejuízo. Qualquer eventual prejuízo financeiro ou afetivo nesse quesito é pequeno quando comparado aos ganhos do potencial desassédio do holopensene pessoal e residencial e aos possíveis prejuízos ainda vindouros de eventual heteroassédio causado pela manutenção de bagulhos energéticos em casa.

Autoconsciência. As evocações, sejam a partir de objetos ou diretamente pela autopensenização, definem fatos e parafatos da vida multidimensional da conscin. Quando se pensa em alguém, independente da razão, deve-se atentar para o que vem em seguida, pois pode comparecer o amparador ou o assediador, contudo isso ainda não é o mais relevante, importa mais se autoperceber e trabalhar com as energias conscienciais para sustentar a autodefesa e a higidez do holopensene local.

Memoriologia. Segundo a *Paraprofilaxiologia,* o estudo do parafenômeno das evocações pensênicas e interconscienciais mostra que saber usar a automemória com discernimento, especialmente sem trazer à tona lixos mnemônicos dispensáveis, é essencial para a manutenção de boas companhias extrafísicas, da autodefesa consciencial e da higidez holopensênica.

Passadologia. Considerando a *Holomnemônica,* as retrocognições podem trazer valiosas informações para a vida presente da conscin, sobretudo para evitar a repetição dos erros do passado.

Parafatologia. Memórias de outras existências estão carregadas com retropensenes de experiências remotas junto a outras consciências. É importante estar ciente desse parafato e ter uma boa razão para evocá-los para o presente, de modo a evitar problemas desnecessários e interferências espúrias para o momento evolutivo. *A autodefesa parapsíquica é essencial para a obtenção de retrocognições úteis e mais profundas da holobiografia pessoal.*

Homeostáticas. Ainda considerando a *Evocaciologia*, importa sobretudo à conscin lúcida se esforçar para adquirir o *know how* das evocações evolutivas e homeostáticas no momento oportuno, ao modo das 8 listadas a seguir, na ordem alfanumérica:

1. **Amparalogia.** A evocação do amparador extrafísico de função.
2. **Autodefensivologia.** A evocação do mantra autodefensivo cunhado em existência pretérita.
3. **Autoparaprocedenciologia.** A evocação da autoparaprocedência positiva (autoconsciexiabilidade retrocognitiva).
4. **Centrais.** A evocação das energias das Centrais Extrafísicas de Energia, da Fraternidade e da Verdade.
5. **Intermissiologia.** A evocação do holopensene do *Curso Intermissivo* pré-ressomático concluído.
6. **Megagesconologia.** A evocação do leitor do autor-consciex de livro tarístico (colheita intermissiva).
7. **Serenologia.** A evocação do holopensene dos Serenões nas injunções assistenciais.
8. **Tenepessologia.** As evocações interassistenciais dos fatos e parafatos vivenciados nas últimas 24 horas no início da prática da tenepes.

Capítulo 35

Crescendo da Iscagem Interconsciencial

Tenepessista. Nos primeiros estágios do desenvolvimento energético-parapsíquico-assistencial do praticante da tenepes, o período médio de 50 minutos em horário programado, fixo, com dedicação diária e em ambiente adequado é essencial a fim de que, junto ao amparador de função, seja feito o atendimento técnico e seguro das consciexes carentes ou enfermas, conscins projetadas ou não, por meio da transmissão de energias conscienciais, assistenciais.

Extrapolação. Pouco a pouco, o tenepessista vai se capacitando para atender às demandas de assistência energética em momentos que extrapolam os 50 minutos diários dedicados à prática.

Iscagem. Entre os sinais mais evidentes dessa dilatação das requisições assistenciais está o aumento da frequência do fenômeno de iscagem interconsciencial.

Frequência. Primeiro advêm as ocorrências esporádicas, nas quais variam bastante os níveis de lucidez quanto às facetas do parafenômeno. Com o tempo e a desenvoltura do praticante, as iscagens se tornam diárias, não raro, acontecendo mais de uma vez ao dia, a depender também de variáveis como o número de contatos interpessoais e os tipos de lugares frequentados.

Intensificação. Por exemplo, em locais com maior aglomeração de pessoas, tais como escolas, faculdades, hospitais ou *Shopping Centers,* o fenômeno da iscagem interconsciencial tende a se intensificar. *Os amparadores se encontram onde estão os assistidos.*

Assistente. O tenepessista, homem ou mulher, é personalidade assistencial ainda rara no Planeta, sua presença em tais ambientes, o coloca na posição de assistente perante a média das conscins ali presentes, sem desconsiderar o *princípio interassistencial de que o menos doente assiste o mais doente.*

Coassistência. Sua condição de doador energético o torna atrator natural de consciências carentes de energias e sua autodisponibilidade interassistencial abre espaço para os amparadores utilizá-lo de auxiliar intrafísico no auxílio às conscins e consciexes ligadas ao holopensene ambiental.

Profilaxia. Nesses contextos, a iscagem interconsciencial não deixa de ser também medida profilática autodefensiva para o próprio tenepessista, pois, considerando a necessidade da sua permanência nesse tipo de ambiente, a importância da sanidade do holopensene se torna crítica.

Complexidade. Além de aumentar em frequência, o fenômeno da iscagem interconsciencial também tende a aumentar em complexidade. A intensificação da sinalética energética e parapsíquica do tenepessista, por vezes, ocorre em concomitância a inúmeros parafenômenos, tais como, clarividências, clariaudiências, sincronicidades, entre outros.

Confirmações. A vivência dos parafenômenos auxiliam na confirmação dos parafatos e, consequentemente, no aumento de lucidez do assistente. É o que ocorre quando o amparador extrafísico promove o banho de energia confirmatório da hipótese elaborada pelo assistente quanto ao significado das autoparapercepções.

Emergencial. Algumas iscagens são emergenciais e não seria a melhor conduta aguardar o próximo período fixo da tenepes, por vezes, marcado somente para o dia seguinte, para realizar o atendimento energético do assistido. Experimentos como esses são o prelibar a tenepes 24 horas, almejada pelo assistente em desenvolvimento.

Crescendum. Nem sempre o desenvolvimento do trabalho assistencial do tenepessista junto aos amparadores segue crescendo sadio, ininterruptamente. A evolução do pré-serenão tem seus altos e baixos. Podem ocorrer períodos em que se tem maior lucidez e autoconfiança nos fenômenos parapsíquicos interassistenciais, intercalados com iscagens semiconscientes ou inconscientes e seus efeitos ambíguos na intraconsciencialidade do assistente.

Inexperiência. A inexperiência do praticante é o primeiro fator a fazer do desenvolvimento parapsíquico das iscagens interassistenciais lúcidas, processo tortuoso e difícil.

Transição. Nessa fase transicional, quando a inexperiência ainda predomina sobre as vivências autolúcidas, as interpretações errôneas, dúvidas, inseguranças e até os erros de procedimentos técnicos que ocorrem com o praticante prejudicam o autodesempenho assistencial.

Confusões. Eis, por exemplo, 3 confusões ou interpretações equivocadas quanto ao fenômeno da iscagem interconsciencial, comuns à conscin jejuna, passíveis, inclusive, de permitir a aproximação de consciex assediadora e a implantação do heteroassédio:

1. **Atração.** Não se dar conta da intensificação sadia dos fenômenos de iscagem, inferindo que algum problema está ocorrendo com ela por *atrair* com maior frequência consciexes patológicas para a autopsicosfera.
2. **Sintomatologia.** Interpretar os sintomas da parapatologia das consciexes assimilados como sendo próprios, criando, por exemplo, autoassédios em função da preocupação excessiva e disfuncional com a saúde pessoal.
3. **Xenopensenização.** Confundir os pensamentos e emoções da consciex assimilados aos próprios, sentindo culpa e vergonha pelo conteúdo dos autopensenses.

Autodefesa. A postura mental focada apenas na autodefesa de eventuais abordagens de consciências enfermas na vigília intrafísica, somada ao receio de ser assediado, também não ajuda.

Dificuldades. Não se deve impressionar com as dificuldades e contratempos inerentes ao desenvolvimento do parapsiquismo interassistencial, até porque, as cláusulas da programação existencial são compostas por desafios e autossuperações. As dificuldades, no caso, seriam melhor interpretadas ao modo de indicadores consistentes de que o domínio de tais habilidades faz parte da autoproéxis.

Conexão. Preocupações excessivas, autoculpas e receios minam a autoconfiança e dificultam a conexão pensênica com os amparadores extrafísicos. A interassistência parapsíquica se baseia antes de tudo na postura mental autoconfiante, desassombrada e acolhedora do assistente. Não deixa de ser uma opção pessoal se portar dessa forma.

Rotinologia. Outra condição complexa, mas essencial para o domínio da iscagem interconsciencial, é o fato de a conscin necessitar mudar a própria rotina diária para se adaptar e atender às demandas dos serviços interassistenciais interdimensionais.

Procedimentos. É necessário fixar na rotina pessoal, neoprocedimentos técnicos e sub-rotinas parapsíquicas indispensáveis para desenvolver o parapsiquismo lúcido interassistencial, tais como estas 3 condutas básicas a serem seguidas, com autodisciplina, em quaisquer localidades frequentadas no dia a dia:

1. **Entrada.** Desencadear o estado vibracional (EV) profilático antes de entrar em quaisquer ambientes.

2. **Permanência.** Manter a vigilância extrassensorial, principalmente enquanto estiver em recintos com aglomeração de pessoas.

3. **Saída.** Exteriorizar as ECs e fazer a desassimilação energética ao sair de qualquer lugar.

Prioridade. O ideal é colocar as demandas de assistência parapsíquica em primeiro lugar dentre as prioridades pessoais, se capacitando mais rápido como assistente e minimizando os contratempos evitáveis.

Exemplologia. Por exemplo, depois de longo dia de trabalho, a conscin pode chegar em casa cansada e perceber alguns sinais, não muito discerníveis, contudo que levantam a dúvida quanto à possibilidade da presença de consciex na psicosfera pessoal.

Dificultador. A falta de clareza quanto ao significado exato das autoparapercepções, somada ao cansaço físico, tendem a tornar mais difícil a superação do desejo de se recolher ao leito o quanto antes, mesmo sem trabalhar ativamente as ECs, com o intuito de higienizar a autopsicosfera e o holopensene doméstico.

Parafato. Adormecer com a dúvida, não raro acobertada de si mesmo por autocorrupção, não muda os parafatos, e caso a consciex energívora esteja realmente nos arredores, será praticamente inevitável a ocorrência de alguma consequência patológica.

Assédio. Exemplo frequente é a ressaca energética causada pela vampirização noturna, somente percebida pela conscin ao despertar sentindo-se cansada, desmotivada, com dor de cabeça, entre outros sinais e sintomas. O que poderia ter sido assistência interconsciencial de alto nível, se torna experiência dispensável de vitimização ao heteroassédio.

Protelação. Por vezes, a semidescoincidência causada pelo sono favorece a parapercepção indiscutível da parapresença da consciex enferma, porém a protelação da mobilização energética em situações como essa, exige o empenho de ainda mais tempo e esforço para despertar de madrugada, assistir a consciex e proceder a desassimilação das energias *antipáticas.*

Tempo. Para o iniciante é comum ser necessário dispender tempo considerável nas mobilizações energéticas para efetivar a assistência parapsíquica e realizar à contento a desassimilação das energias conscienciais.

Encaminhamento. Não raro, é necessário mobilizar intensamente as energias durante dezenas de minutos, ou mesmo horas, para que se perceba indiscutivelmente que a consciex ligada à psicosfera pessoal foi encaminhada e assistida pelos amparadores.

Dúvida. A melhor recomendação para quem está desenvolvendo o autoparapsiquismo interassistencial e não pretende virar assistido vitimizado (assediado) do próprio serviço assistencial é: na dúvida, continue mobilizando as energias conscienciais.

Disciplina. O ideal é desenvolver a autodisciplina e o domínio da vontade para seguir as rotinas parapsíquicas adequadas para a manutenção da autodefesa energética.

Assunção. No caso do tenepessista, quanto antes assumir as novas responsabilidades pessoais, principalmente quando a demanda de assistência energética começa a ultrapassar os 50 minutos da prática diária da tenepes, melhor para ele e para os assistidos.

Neopatamar. Enquanto ficar relutante, seja por indisciplina, preguiça, dúvida ou negligência, e não assumir o próprio papel na equipe interassistencial multidimensional, somente lhe restará as consequências da própria omissão, sem tirar partido do enorme bônus evolutivo dessa oportunidade de manifestação pessoal em neopatamar homeostático.

Transformação. Importa considerar que, de modo geral, a evolução do processo de iscagem interconsciencial é fazer a substituição dos miniassédios inconscientes e eventuais, transformando-os em serviços assistenciais lúcidos até alcançar a condição da autodesperticidade.

Capítulo 36

Comunicação Tenepessista-Amparador

Autodesassédio. A *técnica da tenepes* faz o autodesassédio gradativo do praticante por intermédio do heterodesassédio interconsciencial diário de conscins e consciexes enfermas, a distância ou trazidas pelos amparadores. Funciona ao modo de mitridatização para o tenepessista, imunizando-o quanto às ECs doentias dos assediadores.

Desafio. A tenepes é técnica avançada e realmente desafiadora. Para ser bem exercida, deve-se aprender a sair de si e deixar em segundo plano as demandas e o próprio ego, priorizando, de fato, a interassistência nas escolhas, comportamentos e atitudes diuturnas.

Comunicação. A evolução da tenepes também demanda o aperfeiçoamento contínuo da comunicação parapsíquica entre o praticante e a consciex amparadora.

Dúvidas. Ao longo do desenvolvimento do tenepessista, é frequente e até mesmo apropriado, o aparecimento de determinadas dúvidas, principalmente aos praticantes jejunos quanto à vivência do autoparapsiquismo lúcido.

Paracomunicação. Temas comuns desses questionamentos são os diferentes modos de comunicação interdimensional entre o tenepessista e a consciex amparadora de função da tenepes.

Questionologia. Consoante a *Tenepessometria,* eis, por exemplo, na ordem funcional, 6 questionamentos cujas respostas ajudará a conscin tenepessista a avaliar o nível de comunicação parapsíquica junto a consciex amparadora de função da tenepes pessoal:

1. **Passividade.** Percebo a atuação da consciex amparadora sobre meu holossoma e minhas energias conscienciais?

2. **Paravisual.** Qual o paravisual da consciex amparadora da minha tenepes?

3. **Apresentação.** A consciex amparadora já se apresentou para mim em alguma oportunidade?

4. **Autossinalética.** Qual a sinalética parapsíquica indicadora da sua manifestação?

5. **Atuação.** Ela está atuando comigo ao longo do dia? Como percebo isso?

6. **Telepatia.** Estabeleço diálogos transmentais com a consciex amparadora coordenadora da minha tenepes?

Respostas. O questionamento autocrítico é de suma importância, contudo, ainda mais relevantes são as respostas sinceras dadas pela conscin, a si mesma, a tais inquirições.

Autorresponsabilidade. Nesse caso, a conduta mais inteligente é sempre trazer para si a responsabilidade pelas eventuais dificuldades de comunicação interdimensional, apesar do *princípio das dificuldades recíprocas* da comunicação interdimensional (Vieira, 1997).

Complementares. Caso o leitor seja tenepessista e tenha respondido negativamente a qualquer uma dessas questões, cabem aqui, na ordem funcional, outras 6 perguntas complementares relativas ao tema:

1. **Passividade.** Quantas vezes parei para refletir, após a tenepes, sobre as ocorrências do período? Possuo o diário da tenepes?

2. **Paravisual.** O que já fiz de prático, quanto tempo e esforço já apliquei, de modo focado, por exemplo, dedicado às práticas da projeção lúcida, para encontrar, *paracara a paracara,* com a consciex amparadora?

3. **Aparecimento.** Posso afirmar, com certeza, que a consciex amparadora da tenepes nunca se manifestou para mim? Já vi alguma consciex em alguma oportunidade? Caso positivo, não seria uma delas a consciex amparadora da tenepes?

4. **Autossinalética.** Anoto a autossinalética? Procuro correlacionar, incansavelmente, a sinalética parapsíquica às práticas interassistenciais da tenepes?

5. **Atuação.** Ao longo das outras 23 horas do dia, fora do quarto da tenepes, quanto tempo penso e evoco o amparo de função da tenepes em favor dos outros?

6. **Telepatia.** Divido as decisões relativas à tenepes com o amparo, ou somente o informo do que pretendo fazer ou nem penso no assunto?

Comunicação. As dificuldades de comunicação entre amparador e praticante podem representar o teto para o desenvolvimento contínuo da tenepes, pois quanto maior a complexidade da assistência, maior a necessidade de entrosamento da dupla interassistencial interdimensional.

Sinalética. Por exemplo, é fundamental a sinalética do tenepessista para perceber o início do atendimento emergencial de consciex trazida pelo amparador fora do horário convencional da tenepes.

Detalhismo. Sem a *técnica do detalhismo* aplicada às vivências da tenepes pessoal, a conscin ficará na superficialidade quanto ao autoparapsiquismo e, consequentemente, terá dificuldades para qualificar a comunicação interdimensional com a consciex amparadora da tenepes.

Priorologia. Existe aquela conscin com mais de 1 ano de prática da tenepes que ainda não leu integralmente o *Manual da Tenepes,* livro fundamental para qualquer tenepessista, porém pequeno, com menos de 100 páginas e de fácil leitura. Como justificar tal despriorização?

Tenepes. A tenepes é inavaliável técnica autodesassediadora, conduzindo gradativamente a conscin à autodesperticidade.

Argumentos Conclusivos

Passo. Identificar e assumir as facetas menos dignas de si mesmo não costuma ser fácil, nem agradável, de início, mas esse primeiro passo é indispensável para chegar no autodesassédio e nos respectivos efeitos catalisadores propiciados por tal condição.

Analogia. Autoassédios impedem ou atrasam as construções evolutivas conscienciais de modo análogo aos efeitos destrutivos dos conflitos bélicos sobre as estruturas físicas da cidade e da população urbana.

Retrabalho. Anos são gastos na construção de pontes, estradas, edificações, entre outras infraestruturas e quando sobrevém o conflito, grande parte desse esforço grupal é reduzido a escombros, demandando novo trabalho de reconstrução material daquilo já existente e na superação dos traumas individuais, inevitáveis.

Enfraquecimento. Por sua vez, o assédio, seja o exclusivamente intraconsciencial ou aquele reforçado externamente, mina o esforço para a recomposição grupocármica e reestabelecimento de vínculos conscienciais produtivos, bem como solapa as bases dos empreendimentos libertários da consciência.

Soerguimento. A evolução do pré-Serenão não acontece somente em curva ascendente, por vezes, ocorrem *tropeços* e contratempos, os quais necessitam ser enfrentados sem autovitimização e vistos como valiosas oportunidades de reciclagem e qualificação da Cosmoética pessoal.

Desperticidade. A autodesassedialidade minimiza as *linhas quebradas* da autoevolução, possibilitando o avanço pessoal em fluxo célere de *crescendo interassistencial,* sem necessitar, vez por outra, parar para reconstruir a obra de ontem.

Fortalecimento. O autodesassédio é a consequência natural do fortalecimento de diversas facetas do ego poliédrico da consciência. Constitui em potencializar a vontade, motivar-se por aquilo que é sadio, confiar em si mesmo, qualificar a própria intencionalidade, reconhecer as conquistas evolutivas já alcançadas, reduzir a conflituosidade íntima, entre outras manifestações pró-evolutivas.

Singularidade. Evoluímos em conjunto, todavia não trilhamos o mesmo caminho até aqui, isto nos fez únicos e singulares, tanto nas idiossincrasias, quanto nas qualidades e até na falta destas.

Autodesassédios. Existe aquela pessoa desassediada com pujante autodeterminação e autodomínio energético, não se deixando influenciar por tentativas de intrusões externas, mas ainda muito egocêntrica. Há também aqueloutra, francamente interassistencial, possuidora de aura autodefensiva espontânea, em função do holopensene pessoal homeostático.

Teste. O *teste da autodesassedialidade* se faz a partir das interações com outras consciências; permanecer desassediado, protegido e isolado na *torre de marfim,* sem interassistir e ter contato com a patologia alheia é mais fácil, contudo não é a conduta mais inteligente em termos evolutivos. *A cosmovisão da Evoluciologia conduz à vivência interassistencial.*

Convivialidade. Nos contatos interconscienciais, aprendemos a não aliciar nem nos acumpliciar com a má intenção das companhias, qualificamos a convivência em grupo sem se deixar envolver pelo eventual assédio grupal e até ajudando a evitar a ocorrência dele. Também desenvolvemos o discernimento para lidar da melhor forma com os diferentes perfis dos compassageiros evolutivos, fazendo o melhor possível, todavia sem ir contra a autoevolução.

Estratégia. Apesar da inegável *abertura de caminho* proporcionada pelo autodesassédio, não é a melhor estratégia primeiro esperar atingi-lo para somente depois se dedicar à vivência da interassistencialidade. Até porque, no movimento de superação dos autoassédios e pela necessidade de manutenção da autodesassedialidade surgirão os momentos de lidar com o desassédio de outras consciências.

Desopressão. A interassistência acelera a conquista da autodesassedialidade pois, pouco a pouco, alivia a pressão holopensênica dos credores do passado, até então incentivadora de desvios e causadora de dificuldades; bem como amplia o rol de consciências favoráveis ao assistente – assistidos e integrantes das equipins e equipexes do maximecanismo interassistencial multidimensional.

Prova. Dedicar-se a interassistencialidade com afinco e lucidez é prova cabal de autodiscernimento evolutivo.

Bibliografia

01. **Andriolo,** Áurea; ***Voliciometria: uma Análise da Manifestação da Vontade;*** V Jornada Internacional de Conscienciometrologia; *Glasnost;* Revista; Anual; Vol. 2; N. 1; Foz do Iguaçu; PR; Janeiro-Março, 2014; páginas 122 a 133.

02. **Athayde,** Tadeu; ***Desassimilação Energética Lenta;*** Artigo; *Conscientia;* Revista; Trimestral; Vol. 4; N. 1; *Associação Internacional do Centro de Altos Estudos da Conscienciologia* (CEAEC); Foz do Iguaçu, PR; Abril-Junho, 2000; páginas 26 e 27.

03. **Balona,** Málu; ***Autocura através da Reconciliação: um Estudo Prático sobre a Afetividade;*** pref. Daniel Muniz; revisores Alexander Steiner; et al.; 342 p.; 2 seções; 11 caps.; 18 *E-mails;* 1 entrevista; 125 expressões e ditos populares; 56 enus.; 1 foto; 6 ilus.; 1 microbiografia; 5 quadros sinópticos; 4 questionários; 17 técnicas; 5 teorias; 5 websites; glos. 86 termos; 1 posf.; 20 cenografias; 20 infográficos; 56 filmes; 265 refs.; 2 apênds.; alf.; 21 x 14 cm; br.; 2ª Ed. rev. e aum.; *Instituto Internacional de Projeciologia e Conscienciologia* (IIPC); Rio de Janeiro, RJ; 2004; páginas 84 a 86.

04. **Barela,** José Eduardo; **Salgado,** Eduardo; **Madov,** Natasha; & **Zakabi,** Rosana; ***Uma Mancha no Coração da Igreja;*** Reportagem; *Veja;* Revista; 9 fotos; A 35; N. 16; Ed. 1.748; São Paulo, SP; 24.04.02; capa (Chamada) e páginas 82 a 88.

05. **Baumeister,** Roy F.; & **Tierney,** John; ***Força de Vontade: A Descoberta do Poder Humano*** (Willpower); trad. Claudia Gerpe Duarte; 320 p.; 10 caps.; 231 refs.; 23 x 16 cm; br.; *Lafonte;* São Paulo, SP; 2012; páginas 26 e 81.

06. **Bello,** Amy; ***Paradever: A Reciclagem dos Valores Anacrônicos;*** *I Fórum de Paradireitologia e III Ciclo de Debates em Paradireito;* Artigo; Anais; Vol. 14; N. 1; *Instituto Internacional de Conscienciologia e Projeciologia* (IIPC); Rio de Janeiro, RJ; 2007; páginas 15 a 24.

07. **Bergonzini,** Everaldo; ***Cosmoeticoterapia: Autoconsciencioterapia Através do Código Pessoal de Cosmoética;*** Artigo; *Saúde Consciencial;* Revista; anual; Ano 1; Vol. 1; Foz do Iguaçu, PR, 2012; páginas 72 a 83.

08. **Bocato,** Raquel; ***Timidez é Entrave no Mercado de Trabalho;*** Reportagem; Jornal; Seção: *Empregos;* 2 enus.; 1 fig.; São Paulo, SP; 19.03.06; primeira página (Chamada) e F2.

09. **Bonassi,** João Aurélio; ***Identificação dos Valores Pessoais (Abordagem Autoconscienciométrica);*** *Colégio Invisível da Cosmoeticologia;* Artigo; Anais; Trimestral; Vol. 14; N. 1; *Instituto Internacional de Conscienciologia e Projeciologia* (IIPC); Rio de Janeiro, RJ; 2003; páginas 15 a 24.

10. **Branden,** Nathaniel; ***Como Aumentar sua Auto-Estima*** (How to Raise Your Self-Steem); trad. Ricardo Golveia; 160 p.; 11 caps.; 1 enu.; 21 x 14 cm; br.; Sextante; Rio de Janeiro, RJ; 2009; página 78.

11. **Calçada,** Andreia; ***Amor Materno: Aprisionamento ou Vantagem?;*** Artigo; *Psique;* Revista; Mensário; Ano 7; N. 95; Seção: *Rótulo;* 10 fotos; 1 ilus.; São Paulo, SP; páginas 22 a 30.

12. **Chalita,** Adriana; ***A Repercussão da Autointencionalidade na Saúde Consciencial;*** *VIII Jornada de Saúde da Consciência e VII Simpósio de Autoconsciencioterapia;* Artigo; *Saúde Consciencial;* Revista; Anual; Vol. 3; N. 3; Foz do Iguaçu; PR; Janeiro-Dezembro, 2014; páginas 63 a 72.

13. **Dalgalarrondo,** Paulo; ***Psicopatologia e Semiologia dos Transtornos Mentais;*** 272 p.; 3 partes; 36 caps.; 91 enus.; 58 quadros; glos. 531 termos; 200 refs.; 2 anexos; alf.; ono.; 24,5 x 17,5 cm; br.; *Artmed;* Porto Alegre; RS; 2000; páginas 209 a 223 e 314.

14. **Damásio,** António Rosa; ***Em Busca de Espinosa: O Prazer e a Dor na Ciência dos Sentimentos*** (Looking for Spinoza: Joy, Sorrow and the Felling Brain); revisoras Olga Cafalcchio; & Isabel Jorge Cury; Adaptação para o português do Brasil Laura Teixeira Motta; 358 p.; 7 caps.; 185 notas; 21 ilus.; alf; glos. 16 termos; 2 apênds.; 21 x 14 cm; br.; *Companhia das Letras;* São Paulo, SP; 2003, páginas 154 a158.

15. **Di Stéfano;** Rhandy; ***Líder-Coach;*** 168 p.; 2 partes; 11 caps.; 35 enus.; 5 esquemas.; 16 quadros; 1 microbiografia; 1 resumo; 31refs.; 23 x 16 cm; br.; 11ª Ed.; *Qualitymark;* Rio de Janeiro, RJ; 2014; página 83.

16. **Dias,** Ricardo; ***A Valoração Evolutiva: A Definição do Valor dos Atos, Fatos e Parafatos Perante a Evolução;*** *I Congresso Internacional de Autopesquisologia e V Jornada de Autopesquisa;* Artigo; *Conscientia;* Revista; Trimestral; Vol. 14; N. 1; *Associação Internacional do Centro de Altos Estudos da Conscienciologia* (CEAEC); Foz do Iguaçu, PR; Janeiro-Março, 2010; páginas 15 a 24.

17. **Dulce,** Daou; ***Vontade: Consciência Inteira;*** 288 p.; 6 seções; 44 caps.; 114 enus.; glos. 140 termos; 3 tabs.; 151 refs.; alf.; ono.; 23 x 16 cm; br.; *Associação Internacional Editares;* Foz do Iguaçu, PR; 2014; página 17 e 52 a 56.

18. **Dyer,** Wayne; ***A Força da Intenção*** (The Power of Intention); trad. Cristina Ávila de Menezes; 356 p.; 3 seções; 15 caps.; 21 x 14 cm; *Nova Era;* Rio de Janeiro; RJ; 2004; página 18 a 21.

19. **Fine,** Cordelia; ***Ideias Próprias: Como o seu Cérebro Distorce a Realidade e o Engana*** (A Mind of Its Own); trad. J. R. Souza; 272 p.; 261 refs.; 21 x 14 cm; br.; *Difel;* Rio de Janeiro, RJ; 2005; páginas 179 a 184 e 182 a 197.

20. **Gouveia,** Valdiney V.; ***A Natureza Motivacional dos Valores Humanos: Evidências acerca de uma Nova Tipologia;*** *Estudos de Psicologia;* Artigo; Trimestral; Vol. 8; N. 3; *Universidade Federal do Rio Grande do Norte* (UFRN); Rio Grande do Norte, RN; 2003; páginas 431 a 443.

21. **Hayes;** Steven C.; **Strosahl;** Kirk D. &; Wilson Kelly G.; ***Acceptance and Commitment Therapy: The Process and Practice of Mindful Change;*** 402 p.; 4 partes; 13 caps.; 20 enus.; 11 ilus.; 5 formulários; 274 refs.; ono; 23 x 16 cm; enc; sob.; 2ª Ed.; *The Guilford Press;* New York; NY; 2012; páginas 129 a 155 e 243 a 269.

22. **Haymann,** Maximiliano; ***A Relação Emoção-Imaginação no Autodomínio Psicossomático;*** Artigo; *Conscientia;* Revista; Trimestral; Vol. 10; N. 2; *Associação Internacional do Centro de Altos Estudos da Conscienciologia* (CEAEC); Foz do Iguaçu, PR; Abril-Junho, 2006; páginas 183 a 192.

23. **Idem; *Identificação do Ciclo do Autoassédio: Técnica para Aumento da Efetividade Autoconsciencioterápica;*** *VIII Jornada de Saúde da Consciência e VII Simpósio de Autoconsciencioterapia;* Artigo; *Saúde Consciencial;* Revista; Anual; Vol. 3; N. 3; Foz do Iguaçu; PR; Janeiro-Dezembro, 2014; páginas 99 a 108.

24. **Idem; *Síndrome do Ostracismo;*** pref. Waldo Vieira; revisores Erotides Louly; Helena Araujo; & Julieta Mendonça; 218 p.; 5 seções; 24 caps.; 1 E-mail; 134 enus.; 5 filmes; 2 fluxogramas; 1 foto; 1 microbiografia; 1 *website;* glos. 152 termos; 202 refs.; 2 apênds.; alf.; geo.; ono.; 23,5 x 16 cm; enc.; *Associação Internacional Editares;* Foz do Iguaçu, PR; 2011; páginas 143 a 145.

25. **Horney,** Karen; ***Nossos Conflitos Interiores*** (Our Inner Conflicts); trad. Octávio Alves Velho; 216 p.; 2 seções; 12 caps.; 14 x 21 cm; br.; *Bertrand Brasil;* São Paulo, SP; 1987; páginas 23 a 31.

26. **Huggler,** Justin; ***Casamento de Crianças persiste na Índia;*** Reportagem; *Folha de São Paulo;* Jornal; Seção: *Mundo;* 1 foto; São Paulo; SP; 04.06.05.

27. **Instituto Antônio Houaiss; *Houaiss Eletrônico;*** CD-ROM; Versão monousuário 3.0; Dic. da Língua Portuguesa e Dic. de Elementos Mórficos; 9 subseções; glos. 146.000 termos; 1200 reduções Mauro de Salles; 532 refs.; *Objetiva;* Rio de Janeiro, RJ; junho, 2009.

28. **Jacomino;** Dalen; ***Conheça os Cinco Passos que Casais Inteligentes usam para Enriquecer;*** Artigo; *Você S/A;* Revista; Mensário; Ed. 74; Seção: *Dinheiro, Casamento & Carreira;* 1 foto; São Paulo, SP; Agosto, 2004; páginas 30 a 39.

29. **Kahneman,** Daniel; ***Rápido e Devagar: Duas Formas de Pensar*** (Thinking, Faster and Slow); revisoras Ana Kronemberg; & Fatima Fadel; trad. Cassio de Arantes Leite; 610 p.; 5 seções; 38 caps.; 391 notas; 18 ilus.; alf; 26 refs.; 23 x 16 x 3 cm; br.; *Objetiva;* Rio de Janeiro, RJ; 2011, página 384.

30. **Leahy,** Robert L.; **Tirch,** Dennis &; **Napolitano;** Lisa A.; ***Regulação Emocional em Psicoterapia: Um Guia Definitivo para o Terapeuta Cognitivo-comportamental*** (Emotion Regulation in Psychoterapy: A Practitioner's Guide); trad. Ivo Haun de Oliveira; 332 p.; 11 caps.; 5 enus.; 4 ilus.; 69 formulários; 248 refs.; alf.; 25 x 17,5 cm; br.; *Artmed;* Porto Alegre, RS; 2013; páginas 112, 171 e 175.

31. **Loche,** Laênio; ***A Valoração Evolutiva: A Definição do Valor dos Atos, Fatos e Parafatos Perante a Evolução;*** *I Congresso de Verponologia;* Artigo; *Conscientia;* Revista; Trimestral; Vol. 11; N. 2; *Associação Internacional do Centro de Altos Estudos da Conscienciologia* (CEAEC); Foz do Iguaçu, PR; Julho-Setembro, 2007; páginas 40 a 53.

32. **Martins;** Sérgio; ***Escapismo Musical;*** *Veja;* Revista; Semanário; A. 38; N. 15; Seção: *Música;* 4 fotos; São Paulo, SP; 13.04.05; página 150 e 151.

33. **Moraes,** Rita; ***Paquerar é Preciso!;*** *IstoÉ;* Revista; Semanário; N. 1.860; Seção: *Comportamento;*2 enus.; 5 fotos; 2 figs.; São Paulo, SP; 08.06.2005; páginas 64 a 67).

34. **Moscovici,** Fela; ***Desenvolvimento Interpessoal;*** pref. Franco Lo Presti Seminerio; 218 p.; 15 caps.; 34 exercícios; 207 refs.; 23 x 16 cm; br.; 3a Ed. rev. e aum.; *LTC;* Rio de Janeiro, RJ; 1985; página 71.

35. **Muniz,** Daniel; ***Interação Professor-Aprendente: Upgrade de Valores;*** *II Jornada de Educação Conscienciológica;* Artigo; Anais; *Instituto Internacional de Conscienciologia e Projeciologia* (IIPC); Rio de Janeiro, RJ; 2003; páginas 77 a 89.

36. **Nonato,** Alexandre; et al.; ***Inversão Existencial: Autoconhecimento, Assistência e Evolução desde a Juventude;*** pref. Waldo Vieira; 304 p.; 70 caps.; 17 *E-mails;* 62 enus; 16 fotos; 5 microbiografias; 7 tabs.; 17 websites; glos. 155 termos; 376 refs.; 1 apênd.; alf.; 23 x 16 cm; br.; *Associação Internacional Editares;* Foz do Iguaçu, PR; 2011; páginas 145 e 146.

37. **Nunes,** Angela; ***A Vez da Ética nas Empresas;*** *Veja;* Revista; Semanário A. 33; N. 41; Seção; *Guia;* 1 foto; 1 ilus.; São Paulo; SP; 11.10.2000; páginas 154 e 155.

38. **Ohl,** Murilo; ***Como Tomar Decisões Melhores;*** Reportagem; Entrevista: Daniel Kahneman; *Você S/A;* Revista; Mensário; Ed. 180; Seção: *Capa;* 5 enus.; 5 fotos; São Paulo, SP; Maio, 2013; páginas 30 a 39.

39. **Peres,** Christóvão; ***A Aplicação da Vontade na Autoconsciencioterapia;*** VIII Jornada de Saúde da Consciência e VII Simpósio de Autoconsciencioterapia; Artigo; *Saúde Consciencial;* Revista; Anual; Vol. 3; N. 3; Foz do Iguaçu; PR; Janeiro-Dezembro, 2014; páginas 5 a 18.

40. **Price,** A. W.; ***Conflito Mental*** (Mental Conflict); revisora Cristina Meneguello; trad. Norberto Abreu; & Silva Neto; 264 p.; 4 caps.; 111 notas; 135 refs.; 21 x 14 cm; br.; *Papirus;* Campinas, SP; 1995; páginas 17 a 31.

41. **Reeve,** Johnmarshall; ***Motivação e Emoção*** (Understanding Motivation and Emotion); Trad. Luís Antônio Fajardo Pontes & Stella Machado; 356 p.; 4 seções; 16 caps.; 16 boxes; 1 *E-mail;* 39 enus.; 20 esquemas; 35 fluxogramas; 5 fórmulas; 19 fotos; 25 gráfs.; 18 ilus.; 36 tabs.; 1.622 refs.; alf.; 35 x 26 x 3 cm; br.; 4ª Ed.; *LTC;* Rio de Janeiro; 2006; páginas 84 a 102. 128, 130, 137 a 140, 266 e 284

42. **Roberts,** Paul; ***Forbidden Thinking;*** Reportagem; *Psychology Today;* Revista; Bimensário; 4 fotos; New York, NY; USA; Maio-Junho, 1995; páginas 34 a 41 e 62 a 67.

43. **Roemer;** Lizabeth; & **Orsillo;** Susan M.; ***A Prática da Terapia Cognitivo--Comportamental baseada em Mindfullness e Aceitação*** (Mindfulness- and Acceptance -Based Behavioral Therapies in Practice); trad. Maria Adriana Veríssimo Veronese; 262 p.; 12 caps.; 2 enus.; 16 formulários; 6 quadros; 15 resumos; 21 notas; 217 refs.; 25 x 17,5 cm; br.; *Artmed;* Porto Alegre, RS; 2010; páginas 158 e 162

44. **Sternberg,** Robert J; ***Psicologia Cognitiva*** (Cognitive Psychology); revisor Beatriz Vargas Dorneles; trad. Maria Regina Borges Osório; 496 p.; 14 caps.; 72 enus.; 21 esquemas; 54 fotos; 11 gráfs.; 87 ilus.; 47 tabs.; glos. 338 termos; 1.102 refs.; alf.; ono.; 24 x 18 cm; br.; *Artmed;* Porto Alegre, RS; 2000; página 185, 269 e 431.

45. **Tamayo,** A.; **Borges-Andrade,** J. E.; & **Codo,** W.; Org.; ***Trabalho, Organizações e Cultura;*** Coletânea; Vol. 1; N. 11; *Associação Nacional de Pesquisa e Pós-graduação em Psicologia* (ANPEPP); São Paulo, SP; 1996; páginas 157 a 172.

46. **United Nations Children's Fund;** ***Female Genital Mutilation/Cutting: A Statistical Overview and Exploration of the Dynamics of Change;*** UNICEF; New York; 2013.

47. **VandenBos,** Gary R.; Org.; ***Dicionário de Psicologia*** (APA Dictionary of Psychology); revisoras Maria Lucia Tiellet Nunes; & Giana Bitencourt Frizzo; trad. Daniel Bueno; Maria Adriana Veríssimo Veronese; & Maria Cristina Monteiro; 1.040 p.; 237 abrevs.; 2.024 enus.; glos. 25.000 termos; 4 apênds.; 28,5 x 21,5 x 5 cm; enc.; *Artmed;* Porto Alegre, RS; 2010; páginas 116 a 118, 212, 213 e 403

48. **Vázquez;** *Adolfo de Sánchez;* ***Ética*** (Ética); trad. João Dell-Anna; 302 p.; 11 caps.; 15 enus.; 1 esquema; 58 refs.; 21 x 14 cm; br.; 35ª Ed.; *Civilização Brasileira;* Rio de Janeiro; RJ; 2013; páginas 133 a 150.

49. **Veja,** Redação; ***A Fé que move Multidões avança no País;*** *Veja;* Revista; Semanário; A. 23; N. 19; Seção: *Religião;* 13 fotos; 2 figs.; São Paulo; SP; 16.05.90; capa da revista (Chamada) e páginas 46 a 52.

50. **Vieira,** Waldo; ***Conscienciograma: Técnica de Avaliação da Consciência Integral;*** revisor Alexander Steiner; 344 p.; 150 abrevs.; 106 assuntos das folhas de avaliação; 3 *E-mails;* 11 enus.; 100 folhas de avaliação; 1 foto; 1 microbiografia; 100 qualidades da consciência; 2.000 questionamentos; 100 títulos das folhas de avaliação; 1 *website;* glos. 282 termos; 7 refs.; alf.; 21 x 14 cm; br.; *Instituto Internacional de Projeciologia;* Rio de Janeiro, RJ; 1996; página 14.

51. **Idem; *Dicionário de Argumentos da Conscienciologia;*** revisores Equipe de Revisores do Holociclo; 1.572 p.; 1 *blog;* 21 *E-mails;* 551 enus.; 1 esquema da evolução consciencial; 18 fotos; glos. 650 termos; 19 *websites;* alf.; 28,5 x 21,5 x 7 cm; enc.; *Associação Internacional Editares;* Foz do Iguaçu, PR; 2014; Verbetes: Autassediologia, Autodespertologia; páginas 238 a 240 e 301 a 303.

52. **Idem; *200 Teáticas da Conscienciologia: Especialidades e Subcampos;*** revisores Alexander Steiner; *et al.;* 260 p.; 200 caps.; 15 *E-mails;* 8 enus.; 1 foto; 1 microbiografia; 2 *websites;* 13 refs.; alf.; 21 x 14 cm; br.; *Instituto Internacional de Projeciologia e Conscienciologia* (IIPC); Rio de Janeiro, RJ; 1997; página 84.

53. **Idem; *Homo sapiens pacificus;*** revisores Equipe de Revisores do Holociclo; 1.584 p.; 24 seções; 413 caps.; 403 abrevs.; 38 *E-mails;* 434 enus.; 484 estrangeirismos; 1 foto; 37 ilus.; 168 megapensenes trivocabulares; 1 microbiografia; 36 tabs.; 15 *websites;* glos. 241 termos; 25 pinacografias; 103 musicografias; 24 discografias; 20 cenografias; 240 filmes; 9.625 refs.; alf.; geo.; ono.; 29 x 21,5 x 7 cm; enc.; 3ª Ed. Gratuita; *Associação Internacional do Centro de Altos Estudos da Conscienciologia* (CEAEC); & *Associação Internacional Editares;* Foz do Iguaçu, PR; 2007; páginas 179, 416 e 903 a 982.

54. **Idem; *Homo sapiens reurbanisatus;*** revisores Equipe de Revisores do Holociclo; 1.584 p.; 24 seções; 479 caps.; 139 abrevs.; 12 *E-mails;* 597 enus.; 413 estrangeirismos; 1 foto; 40 ilus.; 1 microbiografia; 25 tabs.; 4 *websites;* glos. 241 termos; 3 infográficos; 102 filmes; 7.665 refs.; alf.; geo.; ono.; 29 x 21 x 7 cm; enc.; 3ª Ed. Gratuita; *Associação Internacional do Centro de Altos Estudos da Conscienciologia* (CEAEC); Foz do Iguaçu, PR; 2004; páginas 71, 80, 87, 119, 191, 212, 169, 227, 228, 279, 375, 430, 431, 447, 457, 539, 772, 784 a 786, 826, 828, 829, 870, 871, 1.008, 1.024 e 1.057.

55. **Idem; *Manual da Dupla Evolutiva;*** revisores Alexandre Steiner; Cristiane Ferraro; & Graça Razera; 212 p.; 40 caps.; 20 *E-mails;* 88 enus.; 1 foto; 1 microbiografia; 1 teste; 17 *websites;* 16 refs.; alf.; 21 x 14 cm; br.; 2ª Ed. rev. e amp.; *Instituto Internacional de Projeciologia e Conscienciologia;* Rio de Janeiro, RJ; 1999; página 67.

56. **Idem; *Manual da Tenepes: Tarefa Energética Pessoal;*** revisores Erotides Louly; Helena Araújo; & Julieta Mendonça; 154 p.; 34 caps.; 147 abrevs.; 18 *E-mails;* 52 enus.; 1 foto; 1 microbiografia; 1 tab.; 1 teste; 19 *websites;* glos. 282 termos; 5 refs.; alf.; 21 x 14 cm; br.; 3ª Ed.; *Associação Internacional Editares;* Foz do Iguaçu, PR; 2011.

57. **Idem; *Projeciologia: Panorama das Experiências da Consciência Fora do Corpo Humano;*** revisores Alexander Steiner; *et al.;* 1.248 p.; 18 seções; 525 caps.; 150 abrevs.; 16 *E-mails;* 1.156 enus.; 1 escala; 1 foto; 3 gráfs.; 42 ilus.; 1 microbiografia; 1 sinopse; 2 *websites;* glos. 300 termos; 1.907 refs.; alf.; geo.; ono.; 28 x 21 x 7 cm; enc.; 4ª Ed. rev. e aum.; *Instituto Internacional de Projeciologia e Conscienciologia* (IIPC); Rio de Janeiro, RJ; 1999; páginas 299, 497 a 500, 596, 707 e 915.

58. **Idem; *700 Experimentos da Conscienciologia;*** 1.058 p.; 40 seções; 100 subseções; 700 caps.; 147 abrevs.; 1 cronologia; 100 datas; 1 *E-mail;* 600 enus.; 272 estrangeirismos; 2 tabs.; 300 testes; glos. 280 termos; 5.116 refs.; alf.; geo.; ono.; 28,5 x 21,5 x 7 cm; enc.; *Instituto Internacional de Projeciologia;* Rio de Janeiro, RJ; 1994; página 119 e 427; página - 459.

59. **Idem; *Teoria do Autodomínio Consciencial;*** *Boletins da Conscienciologia;* Revista; Anual; Vol. 1; N. 1; *Associação Internacional do Centro de Altos Estudos da Consciência* (CEAEC); Foz do Iguaçu; PR; Janeiro-Dezembro, 1999; páginas 35 e 36.

60. **Weinberg,** Monica; ***Famosos, Milionários Professores;*** *Veja;* Revista; Semanário; A. 45; N. 48; Seção; *Educação;* 4 fotos; 2 figs.; São Paulo; SP; 28.11.12; páginas 168 a 172.

61. **Weinberg,** R. S.; & **Gould,** D.; ***Fundamentos da Psicologia do Esporte e do Exercício;*** 624 p.; 28,5 x 21,5 x 4 cm; br.; 4ª Ed.; *Artmed;* Porto Alegre, RS; 2008; páginas 341 a 346.

62. **Young,** Jeffrey E.; **Klosko,** Janet S.; & **Weishaar,** Marjorie; ***Terapia do Esquema: Guia de Técnicas Cognitivo-Comportamentais Inovadoras*** (Schema Therapy); revisor Paulo Knapp; trad. Roberto Cataldo Costa; 368 p.; 10 caps.; 50 enus.; 2 quadros; 7 tabs.; 105 refs.; 25 x 17,5 cm; br.; *Artmed;* Porto Alegre, RS; 2008; páginas 21 a 24, 48 a 52, 58 e 142.

63. **Yuashi,** Katia; ***Estudos e Técnicas Aplicadas para a Superação da Timidez;*** *VI Simpósio de Autoconsciencioterapia;* Artigo; *Saúde Consciencial;* Revista; Anual; Vol. 2; N. 2; Foz do Iguaçu; PR; Janeiro-Dezembro, 2013; páginas 63 a 75.

VERBETES DA ENCICLOPÉDIA DA CONSCIENCIOLOGIA

01. **Aberração Antifisiológica** (Parapatologia; Nosográfico).
02. **Acomodação Mimética** (Automimeticologia; Nosográfico).
03. **Acriticismo** (Parapatologia; Nosográfico).
04. **Amizade Raríssima** (Conviviologia; Neutro).
05. **Antagonismo *Loc Interno / Loc Externo*** (Holomaturologia; Neutro).
06. **Assunção da Desperticidade** (Despertologia; Homeostático).
07. **Ataraxia** (Homeostaticologia; Homeostático).
08. **Atitude Parapsíquica** (Parapercepciologia; Neutro).
09. **Ato de Pensenizar** (Autopensenologia; Neutro).
10. **Atributo Consciencial** (Mentalsomatologia; Neutro).
11. **Autassédio** (Parapatologia; Nosográfico).
12. **Autassédio Emocional** (Autassediologia; Nosográfico).
13. **Autassédio Latente** (Parapatologia; Nosográfico).

14. **Autassédio Mentalsomático** (Autassediologia; Nosográfico).
15. **Autocognição** (Autocogniciologia; Neutro).
16. **Autoconstrangimento Cosmoético Mínimo** (Cosmoeticologia; Nosográfico).
17. **Autodesassedialidade** (Autoconsciencioterapia; Homeostático).
18. **Autesforço Convergente** (Autodiscernimentologia; Homeostático).
19. **Autopensenização** (Autopensenologia; Homeostático).
20. **Autopensenização Analógica** (Autopensenologia; Homeostático).
21. **Autopensenização Ilícita** (Patopensenologia; Nosográfico).
22. **Autopensenização Polifásica** (Pensenologia; Neutro).
23. **Bagulho Autopensênico** (Patopensenologia; Nosográfico).
24. **Cantilena Autassediante** (Egologia: Homeostático).
25. **Carga da Convivialidade** (Conviviologia; Neutro).
26. **Centrifugação do Egão** (Egologia; Homeostático).
27. ***Código Pessoal de Cosmoética*** (Cosmoeticologia; Homeostático).
28. **Companhia Constrangedora** (Conviviologia; Neutro).
29. **Companhia Eletiva** (Conviviologia; Neutro).
30. **Compassageiro Evolutivo** (Evoluciologia; Neutro).
31. **Conceito** (Mentalsomatologia; Homeostático).
32. **Conscin Antivoliciolínica** (Energossomatologia; Nosográfico).
33. **Desassediologia** (Consciencioterapia; Homeostático).
34. **Distorção Cognitiva** (Parapatologia; Nosográfico).
35. **Duplocurso** (Reeducaciologia; Homeostático).
36. **Extraconscienciologia** (Experimentologia; Neutro).
37. **FEP do Intermissivista** (Autoevoluciologia; Homeostático).
38. ***Ficha Evolutiva Pessoal*** (Autopensenologia; Neutro).
39. **Generalização Autassediante** (Psicossomatologia; Nosográfico).
40. **Hipercriticidade Acrítica** (Criticologia; Nosográfico).
41. **Ignorantismo** (Parapatologia; Nosográfico).
42. **Intencionologia** (Holomaturologia; Neutro).
43. ***Intentio Recta*** (Intencionologia; Homeostático).
44. **Interassistencialidade** (Assistenciologia; Homeostático).
45. **Intraconscienciologia** (Mentalsomatologia; Neutro).
46. **Irracionalidade Religiosa** (Parapatologia; Nosográfico).
47. **Juízo de Valor** (Heterocriticologia; Neutro).
48. ***Lei do Maior Esforço*** (Holomaturologia; Homeostático).
49. **Linearidade da Autopensenização** (Autopensenologia; Homeostático).
50. **Localização** (Proxêmica; Neutro).
51. **Macrossomatologia** (Somatologia; Homeostático).
52. **Micrassediador Invisível** (Parapatologia; Nosográfico).
53. **Mudança de Bloco Pensênico** (Autopensenologia; Neutro).
54. **Neomundividência** (Cosmocogniciologia; Homeostático).
55. **Neovalor** (Autolucidologia; Homeostático).
56. **Nuance do Autassédio** (Parapatologia; Nosográfico).
57. **Opção pelo Autodesassédio** (Voliciologia; Homeostático).
58. **Padrão Homeostático de Referência** (Paraassepsiologia; Homeostático).

59. **Paragangue** (Parapatologia; Nosográfico).
60. ***Paramicrochip*** (Paratecnologia; Homeostático).
61. **Prejuízo Sorrateiro** (Parapatologia; Nosográfico).
62. **Produmetria Anticonflitiva** (Autoconscienciometerapia; Homeostático).
63. **Pseudorracionalidade** (Autocogniciologia; Nosográfico).
64. **Qualidade da Intenção** (Intencionologia; Neutro).
65. **Racionalidade Completa** (Autodiscernimentologia; Neutro).
66. **Racionalidade Paracientífica** (Holomaturologia; Neutro).
67. **Reciclagem Prazerosa** (Recexologia; Homeostático).
68. **Recurso Pró-Desperticidade** (Despertologia; Homeostático).
69. **Ruptura do Equilíbrio** (Evoluciologia; Neutro).
70. **Sinal de Alerta** (Paraprofilaxiologia; Homeostático).
71. ***Síndrome da Banalização do Autodiagnóstico*** (Autoconscienciometerapia; Nosográfico).
72. ***Síndrome do Impostor*** (Parapatologia; Nosográfico).
73. ***Síndrome do Ostracismo*** (Psicossomatologia; Nosográfico).
74. **Solidão Autassediante** (Autoconviviologia; Nosográfico).
75. **Vaidade** (Psicossomatologia; Nosográfico).
76. **Valor Existencial** (Paraxiologia; Neutro).
77. **Vigilância Extrassensorial** (Autopercucienciologia; Homeostático).
78. **Zona de Conforto** (Autorrecexologia; Neutro).

WEBGRAFIA

01. **Adghirni;** Samy; ***Plástica no Nariz vira Moda e Símbolo de Status no Irã;*** Reportagem; *Folha de São Paulo;* Jornal; São Paulo; SP; 11.05.2014; 02h30; Seção: *Mundo;* 7 entrevistas; 1 foto; disponível em < http://www1.folha.uol.com.br/mundo/2014/05/1452605-plastica-no-nariz-vira-moda-e-simbolo-de-status-no-ira.shtml>; acesso em 17.12.2014; 10h25.

02. **Cohen;** Roger; ***Análise: Dominação e Diplomacia Americana;*** Reportagem; *Folha de São Paulo;* Jornal; São Paulo; SP; 04.02.2014; 03h00; Seção: *Mundo;* 2 entrevistas; disponível em <http://www1.folha.uol.com.br/mundo/2014/02/1405961-analise-dominacao-e-diplomacia americana.shtml>; acesso em 09.01.2015; 16h23.

03. **Collucci;** Claudia; ***Número de Idosos que moram Sozinhos Triplica em 20 Anos;*** Reportagem; *Folha de São Paulo;* Jornal; São Paulo; SP; 25.12.2013; 02h50; Seção: *Equilíbrio e Saúde;* 3 entrevistas; 1 foto; 1 ilus; disponível em <http://www1.folha.uol.com.br/equilibrioesaude/2013/12/1389765-numero-de-idosos-que-moram-sozinhos-triplica-em-20-anos.shtml>; acesso em 17.12.2014; 10h22.

04. **Costa,** Silvio; ***Dilma Sanciona sem Vetos Lei de Vítimas Sexuais;*** Reportagem; *Congresso em foco: Jornalismo para Mudar;* Jornal; 1 foto; São Paulo; SP; 01.08.13; 21h27; Seção: *Direitos Humanos;* disponível em <http://congressoemfoco.uol.com.br/noticias/dilma-sanciona-sem-vetos-lei-de-vitimas-sexuais/>; acesso em 01.03.15; 16h26.

05. **Eluf,** Luiza Nagib; ***Não há Democracia com Burca;*** Artigo; *Folha de São Paulo;* Jornal; São Paulo; SP; 27.03.11; Seção: *Opinião;* disponível em <http://www1.folha.uol.com.br/fsp/opiniao/fz2703201108.htm>; acesso em 01.03.15; 15h40.

06. **Femem; *Website do Grupo Femem;*** disponível em <http://femen.org/>; acesso 08.04.13.

07. **Folha.com;** Redação*;* ***Árabes e Democracia;*** Artigo; *Folha de São Paulo;* Jornal; São Paulo; SP; 18.10.03; Seção: *Editorial;* disponível em <http://www1.folha.uol.com.br/fsp/opiniao/fz1810200302.htm>; acesso em 09.01.15; 21h38.

08. **Folha.com;** Redação*;* ***Decisão da Justiça reabre Tombamento do Cine Belas Artes;*** Reportagem; *Folha de São Paulo;* Jornal; São Paulo; SP; 21.12.11; Seção: *Cotidiano;* disponível em < http://www1.folha.uol.com.br/fsp/cotidiano/16194-decisao-da-justica-reabre-tombamento-do-cine-belas-artes.shtml>; acesso em 09.01.15; 16h34.

09. **Folha.com;** Redação*;* ***Grupos reagem com Indigna***ção na Guatemala após Notícia sobre Cobaias Humanas; Reportagem; *Folha de São Paulo;* Jornal; São Paulo; SP; 02.10.10; 21h50; Seção: *Mundo;* disponível em <http://www1.folha.uol.com.br/mundo/808561-grupos-reagem-com-indignacao-na-guatemala-apos-noticia-sobre-cobaias-humanas.shtml>; acesso em 09.01.15; 16h28

10. **Folha.com;** Redação*;* ***Imperadores do Japão comemoram Bodas de Ouro ao Lado de Cem Casais;*** Reportagem; *Folha de São Paulo;* Jornal; São Paulo; SP; 12.03.09; 07h45; Seção: *Mundo;* disponível em <http://www1.folha.uol.com.br/mundo/2009/03/533353-imperadores-do-japao-comemoram-bodas-de-ouro-ao-lado-de-cem-casais.shtml>; acesso em 09.01.15; 16h38.

11. **Folha.com;** Redação*;* ***Trabalho de Francis Bacon é Obra de Arte mais Cara vendida em Leilão;*** Reportagem; *Folha de São Paulo;* Jornal; São Paulo; SP; 13.11.13; Seção: *Mundo*; disponível em <http://www1.folha.uol.com.br/fsp/mundo/138799-trabalho-de-francis-bacon-e-obra-mais-cara-ja-vendida-em-leilao.shtml>; acesso em 17.12.14; 10h27.

12. **Hofmann,** Wilhelm; & **Friese,** Malte; ***Autocontrole na Hora da Fome;*** Artigo; *Folha de São Paulo;* Jornal; São Paulo, SP; 24.05.11; 1 enu.; 1 foto; disponível em <http://www.methodus.com.br/artigo/946/autocontrole-na-hora-da-fome.html>; acesso em 07.01.2015.

13. **Jornale;** Redação; ***Jovens Russos divulgam Fotos de Agressão a Gays;*** Reportagem; Curitiba; PR; 01.08.2013; Seção: *Mundo;* disponível em <http://jornale.com.br/pt/mundo/item/4478-jovens-russos-divulgam-fotos-de-agress%C3%A3o-a-gays>; acesso em 01.08.2013.

14. **Kachani;** Morris*;* ***Meu Filho me ensinou que é o Afeto que deve nos guiar;*** Entrevista; *Folha de São Paulo;* Jornal; São Paulo; SP; 05.10.14; Seção: *Cotidiano;* disponível em < http://www1.folha.uol.com.br/fsp/cotidiano/189068-meu-filho-me-ensinou-que-e-o-afeto-que-deve-nos-guiar.shtml>; acesso em 09.01.2015; 16h46.

15. **Kauffmann,** Sylvie **Brasil;** ***Análise: Cresce Rejeição à Pena de Morte nos EUA;*** Reportagem; *Folha de São Paulo;* Jornal; São Paulo, SP; 11.11.14; 02h00; Seção: *Mundo;* disponível em http://www1.folha.uol.com.br/mundo/2014/11/1544885-analise-cresce-rejeicao-a-pena-de-morte-nos-eua.shtml; acesso em 02.03.2015; 22h24.

16. **Lima,** Luana; ***Recém-nascido morre no HGF após Avó recusar Transfusão de Sangue;*** Reportagem; *Diário do Nordeste;* Jornal; Fortaleza, CE; 23.12.13; 00h00; Seção: *Última Hora;* disponível em <http://diariodonordeste.verdesmares.com.br/cadernos/cidade/online/recem-nascido-morre-no-hgf-apos-avo-recusar-transfusao-de-sangue-1.855760>; acesso em 02.03.15; 22h37.

17. **Marcus,** Itamar; **Zilberdik,** Jacques; ***Palestinian Mother celebrates her Son's Death: "This is the First Time I see Joy in my Heart";*** Reportagem; *Palestinian Media Watch;* Israel; 21.09.14; disponível em < http://palwatch.org/main.aspx?fi=157&doc_id=12690>; acesso em 02.03.15; 21h56.

18. **Melo,** Débora; ***Prática Homossexual ainda é Crime em 78 Países; Cinco deles aplicam Pena de Morte;*** Reportagem; *Uol Notícias;* São Paulo, SP; 17.05.13; 06h00; Seção: *Internacional;* disponível em <http://noticias.uol.com.br/internacional/ultimas-noticias/2013/05/17/pratica-homossexual-ainda-e-crime-em-78-paises-cinco-deles-aplicam-pena-de-morte.htm>; acesso em 02.03.15; 22h08.

19. **Moreira,** Fernando; ***Cresce procura por Terapia com Urina de Vaca na Índia;*** Reportagem; Jornal; Rio de Janeiro; RJ; 18.02.13; 15h20; Seção: *Page not Found;* disponível em <http://oglobo.globo.com/blogs/pagenotfound/posts/2013/02/18/cresce-procura-por-terapia-com-urina-de-vaca-na-india-486724.asp>; acesso em 01.03.2015.

20. **Neto;** Ricardo Bonalume*;* ***Fósseis mostram Altruísmo de Humano Antigo;*** Reportagem; *Folha de São Paulo;* Jornal; São Paulo; SP; 08.02.2014; Seção: *Ciência + Saúde;* disponível em < http://www1.folha.uol.com.br/fsp/cienciasaude/151194-fosseis-mostram-altruismo-de-humano-antigo.shtml>; acesso em 09.01.2015; 16h42.

21. **Neves,** Nina; ***Como encontrar Satisfação no Trabalho;*** *Você S/A;* Revista; Mensário; 1 foto; São Paulo; SP; 08.08.2013; disponível em <http://exame.abril.com.br/revista-voce-sa/edicoes/183/noticias/como-encontrar-satisfacao-no-trabalho>; acesso em 09.01.2015; 21h38.

22. **Pollan,** Michael; ***Some of my Best Friends are Germs;*** Artigo; Jornal; *The New York Times;* New York; NY; 15.05.2013; Seção: *Magazine;* 1 foto; disponível em <http://www.nytimes.com/2013/05/19/magazine/say-hello-to-the-100-trillion-bacteria-that-make-up-your-microbiome.html?pagewanted=1&_r=2&>; acesso em 07.01.2015.

23. **Scape de City;** ***Website da Comunidade Escape the City;*** disponível em <http://www.escapethecity.org/>; acesso em 20.12.14.

24. **Uol Notícias;** Redação; – ***"Gostei", diz o Presidente Russo após Protesto com Topless do Femem;*** Reportagem; Jornal; São Paulo, SP; 04.04.13; 19h03; Seção: *Internacional;* disponível em: <http://noticias.uol.com.br/internacional/ultimas-noticias/2013/04/08/gostei-diz-presidente-russo-apos-protesto-topless-do-grupo-femen.htm>; acesso em: 08.04.13.

25. **Idem;** Redação; ***Dilma Sanciona "Lei da Profilaxia da Gravidez" a Vítimas de Estupro;*** Reportagem; Jornal; São Paulo; SP; 01.08.2013; 20h33; Seção: *Saúde;* disponível em <http://noticias.uol.com.br/saude/ultimas-noticias/redacao/2013/08/01/presidente-dilma-sanciona-lei-da-profilaxia-da-gravidez.htm>; acesso em 01.08.2013.

26. **Wikipédia; a Enciclopédia Livre;** ***Ataraxia;*** disponível em <http://pt.wikipedia.org/wiki/Ataraxia>; acesso em 12.10.14.

27. **Idem; a Enciclopédia Livre;** ***Era Vitoriana;*** disponível em <http://pt.wikipedia.org/wiki/Era_vitoriana>; acesso em 16.12.14.

28. **Idem; a Enciclopédia Livre;** ***Moral Vitoriana;*** disponível em <http://pt.wikipedia.org/wiki/Moral_vitoriana>; acesso em 16.12.14.

Glossário Conscienciológico

Fonte. Aqui estão listadas 168 denominações, palavras compostas, expressões e os respectivos equivalentes técnicos da Conscienciologia, extraídas dos tratados *700 Experimentos da Conscienciologia* (1994), *Projeciologia: Panorama das Experiências da Consciência fora do Corpo Humano* (1999), *Homo sapiens reurbanisatus* (2004), *Homo sapiens pacificus* (2007), *Enciclopédia da Conscienciologia* (2013) e *Dicionário de Argumentos da Conscienciologia* (2014), sendo algumas delas adaptadas, outras criadas por este autor.

Amizade raríssima – A amizade raríssima é o sentimento fiel, recíproco, de afeição, simpatia, estima ou ternura entre conscins, de modo elevado e singular, no qual a atração do convívio mentalsomático, ou do paracorpo do autodiscernimento, ultrapassa a atração do convívio afetivo comum, em patamar evolutivo além das ligações por laços de família ou por atração sexual.

Amparador extrafísico – Consciex benfazeja e auxiliadora de consciência humana (*conscin*) ou de várias consciências humanas ao mesmo tempo, quando afins ao nível de evolução, notadamente durante as projeções extrafísicas, abrangendo a influência benéfica em toda a vida intrafísica da personalidade e até mesmo durante o estado da vigília física ordinária; benfeitor extrafísico. Expressões equivalentes, arcaicas, desgastadas e envilecidas pelo emprego continuado: *anjo de guarda; anjo guardião; anjo de luz; guia; mentor.*

Androssoma (*andro* + *soma*) – O corpo humano masculino ou específico do homem.

Anticosmoética – Procedimento imaturo no qual a consciência infringe consciente ou inconscientemente os princípios universais corretos e evolutivos da Cosmoética, agindo de modo indigno, antifraterno, marginal ou criminoso, com efeitos patológicos ou dolosos.

Arco voltaico craniochacral – O arco voltaico craniochacral é a técnica de transmissão e assimilação intensa de energia consciencial (EC) com a palma da mão esquerda (palmochacra) do assistente, homem ou mulher, na área nucal e a outra palma da mão direita (palmochacra) junto ao frontochacra da pessoa assistida, sem tocar o soma, buscando eliminar os bloqueios de energias gravitantes por meio da assim e da desassim, ou das manifestações energéticas vigorosas (alta voltagem das ECs) dos 2 palmochacras do assistente, dos 2 chacras encefálicos do assistente, dos 2 hemisférios cerebrais do assistente, dos 2 chacras encefálicos do assistido e dos 2 hemisférios cerebrais do assistido.

Assediador – Conscin ou consciex promotora da condição patológica da assedialidade, ação negativa ou perseguição insistente, direta ou indiretamente, de qualquer natureza, sobre outras consciências. Outras expressões equivalentes, arcaicas, desgastadas e envilecidas pelo emprego continuado: *obsessor; vampiro, pseudossábio.*

Assedialidade – Intrusão pensênica interconsciencial, doentia.

Assim (*as* + *sim*) – Assimilação simpática de energias conscienciais (ECs), pela vontade, ou o ato básico de absorver temporariamente as energias conscienciais de outrem e perscrutar-lhe condições holossomáticas, parafisiológicas e parapatológicas, não raro com a decodificação espontânea do conjunto de pensenes de outra ou até mesmo de outras consciências.

Autoabsolutismo – Decisão magna da conscin lúcida sobre alguma postura crítica, constituindo automanifestação marcante do primado do paracérebro, o *turning point evolutivo* e o *Dia D* da megadecisão na estrutura da autoevolução e da autoprogramação existencial.

Autoassédio – Condição ou estado da conscin emocional, intelectual e energeticamente predisposta a se molestar autopensenicamente, com insistência importuna e patológica sobre si mesma, sem qualquer higiene consciencial nem autodisciplina ideativa, constituindo o embasamento para todo tipo de heteroassédio.

Autoconsciencioterapeuticologia – Especialidade da Conscienciologia aplicada à pesquisa e ao estudo do tratamento, alívio e remissão de distúrbios da consciência, executados pela própria conscin interessada através dos recursos e técnicas derivados da abordagem da consciência "inteira", em suas patologias e parapatologias.

Autoconsciencioterapia – Processo terapêutico realizado pela consciência interessada na autocura, fundamentado nas técnicas da Consciencioterapia.

Autoconsciexialidade retrocognitiva – Condição paradoxal da euforin mais avançada da conscin lúcida se sentir, na vigília física ordinária, como vivia, antes da ressoma, em comunex de holopensene cosmoético harmônico.

Autocura – Remissão pessoal, bioenergética, dos distúrbios e patologias, em geral, da conscin.

Autodefesa energética – Capacidade de a consciência se colocar em condição protetora, cosmoética, perante as energias e pensenizações negativas, intrusivas ou patológicas, externas ao microuniverso consciencial.

Autodesassédio – Estado ou condição da conscin lúcida quanto à vivência teática da tática, estratégia e logística da autodefesa interconsciencial, intra e extraconsciencial, intra e extrafísica, de modo multidimensional, da manutenção do equilíbrio pessoal, íntimo, pleno, o tempo todo, descartando a interferência espúria, intrusiva, de exopensenes patológicos seja de quem for.

Autodesperticidade – Condição pessoal de desassedialidade permanente total. V. Ser desperto.

Autoevolução – Conjunto de manifestações pensênicas gerador do movimento ou deslocamento gradual e progressivo pessoal na escala evolutiva das consciências.

Automegagescon – Gestação consciencial magna ou obra-prima da consciência. V. Gescon.

Autoparaprocedência – Base extrafísica, original, pessoal, de onde cada consciência intrafísica (conscin) procede, antes da ressoma, durante o período pré-ressomático, quando estava na condição de consciência extrafísica (consciex).

Autossinalética energética – Sinalética parapsíquica pessoal. Existência, identificação, registro e emprego autoconsciente dos sinais anímicos, energéticos, parapsíquicos e personalíssimos, ou a percepção transcendente, indiscutível, autopersuasiva e autoconfirmadora da presença de consciexes ou de ocorrências extrafísicas, parafatos e parafenômenos em torno da pessoa parapercipiente na vigília física ordinária ou da conscin projetada, fora do soma, com lucidez.

Autossuficiência evolutiva – Autoconfiança teática vivenciada pela conscin quando alcança o conjunto de conhecimentos e qualidades específicas para a própria evolução, com o nível de autodiscernimento mais avançado e inteligência evolutiva (IE) policármica, a partir da condição da desperticidade.

Bagulho energético – Qualquer objeto físico carregado com energias gravitantes patológicas.

Baratrosfera – Dimensão extrafísica patológica da Paratroposfera terrestre, usada como domicílio coletivo de consciexes anticosmoéticas, doentias, parapsicóticas e paracomatosas.

Bloqueio bioenergético encefálico – bloqueio do fluxo das energias conscienciais (ECs) nos 2 hemisférios cerebrais, evidenciando o efeito de autoassédio ou heteroassédio.

Cardiochacra (*cardio* + *chacra*) – O chacra localizado na parte frontal do tórax, na região do coração.

Central Extrafísica da Fraternidade (CEF) – Parainstituição ou comunex especializada, planejada e instalada para irradiar manifestações ou cosmopensenizações da fraternidade permeando o Cosmos de modo terapêutico e homeostático, na assistência silenciosa, anônima e efetiva às consciências, em geral.

Central Extrafísica da Verdade (CEV) – Parainstituição ou comunex especializada, planejada e instalada para irradiar as manifestações ou paraconstructos da verdade básica do Cosmos, terapêutica e homeostática, na assistência efetiva às consciências, em geral.

Central Extrafísica de Energia (CEE) – Parainstituição especializada, planejada e montada para estocar, manter e monitorar a energia consciencial (EC), ao modo de estação extrafísica de energias conscienciais, objetivando o abastecimento e a distribuição de energias terapêuticas, homeostatizantes, na assistência efetiva a outras consciências – consciexes e conscins – sob a supervisão direta do *Colégio Invisível dos Serenões.*

Ciclo multiexistencial pessoal (CMP) – Intervalo de tempo durante o qual se completa a sequência da sucessão, regularmente recorrente, de eventos ou fenômenos do sistema ou condição de alternância continuada, multissomática e multimilenar, no atual nível evolutivo consciencial médio, do período do renascimento intrafísico (pré-ressomática; ressoma) da consciex na vida humana, com outro período de pós-desativação somática (dessoma; pós-dessomática), extrafísico, dessoma ou a volta da conscin à intermissão.

Círculo Mentalsomático – Reunião técnica de conscienciólogos para debater temas diversos sob a ótica do Paradigma Consciencial.

Código duplista de Cosmoética (CDC) – Compilação sistemática ou o conjunto de normas de retidão, ortopensenidade e autocomportamento policármico do mais alto grau moral, criado e seguido pelos integrantes da dupla evolutiva.

Código grupal de Cosmoética (CGC) – Compilação sistemática ou o conjunto de normas de retidão, ortopensenidade e autocomportamento policármico do mais alto grau moral, criado e seguido pelo grupo de consciências mais lúcidas, em qualquer dimensão existencial.

Código pessoal de Cosmoética (CPC) – Compilação sistemática ou o conjunto de normas de retidão, ortopensenidade e autocomportamento policármico do mais alto grau moral, criado e seguido pela consciência mais lúcida, em qualquer dimensão existencial.

Colheita intermissiva – A colheita assistencial, interconsciencial oferecida pelo *rapport,* inspirações, intuições interassistenciais, sugestões, neoideias ou neoconstructos evolutivos, a partir dos conceitos ou informes do texto da obra-prima cosmoética, evolutiva, escrita em vida intrafísica anterior pela conscin autora, agora, vivendo na fase intermissiva, na condição de consciex lúcida, amparadora de função, praticamente compulsória, às leitoras e leitores pósteros, evocadores, a partir dos tópicos do livro ou livros.

Comunidade Conscienciológica Cosmoética Internacional (CCCI) – Conjunto de habitantes, reunião ou agrupamento e a vida intrafísica, em comum, da sociedade de conscins conectadas pelos vínculos conscienciais da Conscienciologia, na cotidianidade diuturna, nesta dimensão humana, material ou terrestre.

Comunidade extrafísica – Comunex (*comun* + *ex*); reunião e vida em comum de consciexes em determinada dimensão extrafísica.

Conscienciograma – Planilha técnica das medidas avaliativas do nível de evolução da consciência; megateste consciencial tendo por modelo o *Homo sapiens serenissimus,* responsável por uma conta corrente egocármica positiva. Instrumento básico empregado nos testes conscienciométricos.

Consciencimetra – Conscin especialista em Conscienciometria.

Conscienciometria – Conscienciometrologia; disciplina ou área aplicada ao estudo das medidas conscienciológicas, ou da consciência, através dos recursos e métodos oferecidos pela Conscienciologia, capazes de assentar as bases possíveis da *matematização da consciência.* Instrumento principal: Conscienciograma.

Consciencioterapeuta – Conscin especialista em Consciencioterapia.

Consciencioterapia – Consciencioterapeuticologia; especialidade aplicada ao estudo do tratamento, alívio ou remissão de distúrbios da consciência, executados através dos recursos e técnicas derivados da Conscienciologia.

Consciex (*consci* + *ex*) – Consciência *extra*física; o paracidadão ou paracidadã da Sociex. Sinônimo envilecido pelo uso: *desencarnado.*

Conscin (*consci* + *in*) – Consciência *intra*física; a personalidade humana; o cidadão ou cidadã da Socin. Sinônimo envilecido pelo uso: *encarnado.*

Consener – É aquela consciência carente e insaciável quanto às energias conscienciais, nos relacionamentos paratroposféricos, vampirizadores, com as outras consciexes, dos seres humanos (conscins) e os animais subumanos.

Consréu – Consciência extrafísica de paragenética patológica compulsoriamente deslocada – por atuação das reurbanizações extrafísicas – da comunidade extrafísica patológica onde estava há séculos, para outra comunidade extrafísica de transição, a fim de se preparar para ressomar na Terra, ou ainda sofrer a transmigração imposta para outro planeta de evolução intrafísica inferior a este.

Coronochacra (*corono* + *chacra*) – Chacra coronário; localizado na região superior da cabeça.

Cosmoética (*cosmo* + *ética*) – Ética ou reflexão sobre a moral cósmica, multidimensional, definidora da holomaturidade, situada além da moral social, intrafísica, ou se apresentando sob qualquer rótulo humano. Especialidade da Conscienciologia.

Cosmoeticologia – Especialidade da Conscienciologia aplicada aos estudos e pesquisas da Ética ou reflexão sobre a moral cósmica, multidimensional, definidora da holomaturidade, situada além da moral social, intrafísica, ou se apresentando sob qualquer rótulo humano, ao modo de discernimento máximo, moral e emocional, a partir da intimidade do microuniverso de cada consciência.

Curso Intermissivo (CI) **pré-ressomático** – Conjunto de disciplinas e experiências teáticas administradas à consciex, depois de determinado nível evolutivo, durante o período da intermissão consciencial (Intermissiologia, Extrafisicologia), dentro do ciclo de existências pessoais, objetivando o completismo consciencial (compléxis) da programação existencial (proéxis) da próxima vida intrafísica

Desassédio – Ato ou efeito de neutralizar a condição da intrusão pensênica entre as consciências, estado doentio do evoluciente, homem ou mulher, no auto e no heteroassédio.

Desassim (*des + as + sim*) – Desassimilação simpática de energias conscienciais (ECs), pela vontade, ou o ato básico de desconectar das energias conscienciais de outrem.

Duplismo libertário – Aplicação teática dos princípios da Duplologia pelos parceiros da dupla evolutiva harmonizada, com base na interassistencialidade cosmoética, capazes de unir os esforços de ambos os duplistas, ao mesmo tempo, no exercício da mutualidade ou interatividade das profissões, na vivência da invéxis, nas práticas da tenepes, na condição de minipeças assistenciais, no âmbito do *Maximecanismo Multidimensional Interassistencial*, até chegar à consecução das megagescons conjuntas.

Energia consciencial (EC) – A energia imanente empregada pela consciência nas manifestações pessoais, em geral; o *ene* do pensene.

Energia gravitante – Energia consciencial (EC) imantada a objetos e seres.

Energia imanente (EI) – Energia primária, vibratória, essencial, multiforme, impessoal, difusa e dispersa em todos os objetos ou *realidades* do Universo, de modo onipotente, ainda indomada pela consciência humana, e demasiadamente sutil para ser descoberta e detectada pelos atuais instrumentos tecnológicos.

Energossoma (*energo + soma*) – Paracorpo energético da consciência humana.

Epicentro consciencial (epicon) – Conscin-chave, homem ou mulher, autoconstituída qual eixo fulcral de lucidez, minipeça de *Maximecanismo Multidimensional Interassistencial*, cosmoético, através da autoconsciencialidade avançada ou, por exemplo, do desenvolvimento ativo da oficina extrafísica (ofiex) dentro do tenepessismo.

Equipex – Equipe assistencial de consciências extrafísicas.

Equipin – Equipe assistencial de consciências intrafísicas.

Esplenicochacra (*esplênico + chacra*) – Chacra esplênico; localizado na região do baço.

Estado vibracional (EV) – Condição técnica de dinamização máxima das energias do energossoma, através da impulsão da vontade.

Eutimia – Perfeito sossego da consciência, a tranquilidade, a serenidade íntima, a inexcitabilidade ou a imperturbabilidade cosmoética.

Evoluciologia – Especialidade da Conscienciologia aplicada aos estudos da evolução das consciências abordada de modo integral, holossomático, multiexistencial, multidimensional, em alto nível, matéria específica do orientador evolutivo, orientólogo, evoluciólogo ou parageneticista.

Extraconscienciologia – Ciência aplicada ao estudo embasado plenamente nas manifestações centradas no exterior do microuniverso consciencial, ou na extraconsciencialidade, quando a consciência (conscin ou consciex) emprega o máximo dos potenciais dos atributos interativos, externos, extracerebrais, com o Cosmos.

Extrapolacionismo – Estudo aplicado às experiências de extrapolações ou antecipações evolutivas, esporádicas, obviamente não habituais nem rotineiras, da consciência em qualquer nível evolutivo, em relação ao próprio nível atual, imediatamente superior ou outro ainda mais avançado.

Família consciencial – Grupo afim de consciências intrafísicas e extrafísicas vinculadas por ligações de amizade e por objetivos evolutivos em comum, sem qualquer necessidade de laços parentais ou consanguíneos.

Ficha evolutiva pessoal (FEP) – Registro extrafísico, conjunto ordenado das informações e caracteres mais íntimos e detalhistas das manifestações pensênicas essenciais, relativo às autovivências ou ao microuniverso de todo princípio consciencial, sempre atualizada ou preenchida paratecnologicamente sob a responsabilidade do evoluciólogo, ou orientador evolutivo extrafísico, do grupocarma.

Frontochacra (*fronto* + *chacra*) – Chacra frontal; localizado entre as sobrancelhas.

Gescon (*ges* + *con*) – Gestação consciencial, produtividade evolutiva, cosmoética e útil da conscin, centrada na consecução de obras de fraternidade vivida de neoideias libertárias, dentro do quadro de obras pessoais da programática mais avançada da proéxis.

Ginossoma (*gino* + *soma*) – O corpo humano feminino ou específico da mulher, especializado na reprodução animal da vida intrafísica da conscin; o corpo afrodisíaco.

Grupo evolutivo – Grupo de consciências que evoluem em conjunto.

Grupocarma (*grupo* + *carma*) – Princípio de causa e efeito, atuante na evolução da consciência, quando centrado no grupo evolutivo. Estado do livre-arbítrio individual, quando ligado ao grupo evolutivo.

Heteroassédio – Condição ou estado da conscin emocional, intelectual e energeticamente submissa ao assédio ou insistência impertinente de outra consciência inconsciente, energívora, ou consciente e mal-intencionada.

Higiene consciencial – Ciência aplicada aos estudos, pesquisas ou técnicas sistemáticas, teáticas, do conjunto de medidas adotadas para evitar a intrusão e permanência de patopensenes no microuniverso consciencial em determinado holopensene específico, seja pessoal, grupal ou institucional, começando pelas eliminações das pensenizações patológicas, antipensenes doentios e contrapensenes fixos ou monoideísmos viciosos.

Holofilosofia – Estudo aplicado ao conjunto de conhecimentos ou de todos os princípios formais, fundamentais e multidimensionais da Conscienciologia relativos à compreensão das realidades cósmicas, evolutivas, abarcando, quanto às bases cosmoéticas, universalistas e teáticas, a totalidade dos sistemas e correntes filosóficas, de todas as naturezas existentes na Terra.

Holomemória – Memória integral – total, contínua, multimemória ou polimemória – é a fonte de identidade consciencial, que um dia, empregaremos com lucidez, eficácia e cosmoética a todo momento, sem maiores esforços. Esta holomemória é multiexistencial, multimilenar e multidotada, o nosso megarrepositório quanto às vivências.

Holopensene (*holo* + *pen* + *sen* + *ene*) – Atmosfera pensênica ou ambiente intrafísico fixador do conjunto de pensenes agregados ou consolidados, seja da conscin apenas ou de todo o grupo evolutivo. Sinônimo envilecido pelo uso: egrégora.

Holosfera – Energosfera pessoal, autopsicosfera ou aura (Latim: aura, sopro de ar); campo de natureza desconhecida, com algumas características magnéticas, de aparência luminosa para sensitivos, consciexes e conscins projetadas, em certas oportunidades, cujas cores provavelmente estão ligadas à energia do campo e às atividades e pensamentos das realidades envolvidas, por exemplo, seres vivos, homens, mulheres, crianças, fetos, animais, plantas, minerais, objetos físicos e até consciexes (autoluminosidade).

Holossoma (*holo* + *soma*) – Conjunto dos veículos de manifestação da conscin: soma, energossoma, psicossoma e mentalsoma; e da consciex: psicossoma e mentalsoma.

Holoteca – Acervo de tecas, sendo esta o megamostruário do conhecimento universal, a biblioteca das bibliotecas.

Instituição Conscienciocêntrica (IC) – Aquela concentradora das atividades nas autopesquisas da consciência e na reeducação consciencial, a partir da razão social e dos estatutos legais transparentes, sendo intrínseca, cosmoética e consciencialmente sadia.

Inteligência Evolutiva (IE) – Capacidade de apreender, aprender ou compreender e adaptar-se à vida humana, com bases na aplicação e expansão teática, autoconsciente, do mecanismo da evolução consciencial, pessoal, já assimilado, incluindo a Cosmoeticologia, a Seriexologia e a Proexologia, definindo o autodiscernimento da consciência quanto à evolução consciencial racional, inclusive a autoevolução lúcida, na dinamização do próprio desempenho autopensênico e cosmoético.

Interassistencialidade – Vivência da assistência interconsciencial, mútua, fundamentada notadamente na reeducação por intermédio da tarefa do esclarecimento (tares), Inteligência Evolutiva (IE), Cosmoética, policarmalidade e no princípio cósmico de "quem é menos doente assiste o mais doente".

Intermissão – Período extrafísico da consciência entre 2 renascimentos intrafísicos.

Intermissão pós-somática – Período extrafísico da consciência imediato à desativação somática.

Intermissão pré-somática – Período extrafísico da consciência anterior ao renascimento intrafísico.

Intermissivista – Consciex aluna ou ex-aluna de algum *Curso Intermissivo* (CI) pré-ressomático, contudo, no universo da Conscienciologia, é, especificamente, a conscin, homem ou mulher, ex-aluna autoconsciente quanto aos próprios compromissos e deveres evolutivos, variegados, acordados durante as vivências do período da pré-natalidade intermissiva, por intermédio da assistência direta do evoluciólogo atuante naquela oportunidade extrafísica.

Interprisão grupocármica – Condição da inseparabilidade grupocármica do princípio consciencial evolutivo ou consciência.

Intraconsciencialidade – Qualidade das manifestações específicas da intimidade da consciência.

Intraconscienciologia – Ciência aplicada ao estudo embasado plenamente nas manifestações centradas no âmago ou no regaço mais inerente da intraconsciencialidade, quando a consciência (conscin ou consciex) emprega o máximo dos potenciais dos atributos mentaissomáticos mais recônditos, inseridos no microuniverso consciencial.

Intrafisicalidade – Condição da vida intrafísica, humana, ou da existência da consciência humana.

Inversão existencial (*invéxis*) – Técnica evolutiva executada pela consciência intrafísica quando ainda jovem, em geral, antes dos 26 anos de idade.

Iscagem interconsciencial – É a condição da conscin atuando ao modo de isca energética perante consciex ou consciexes enfermas, ou conseneres (consciexes energívoras).

Laringochacra (*laringo + chacra*) – O chacra localizado na região da laringe.

Lei de causa e efeito – Lei de causação cosmoética, governadora infalível de todas as demais leis produtoras de certas consequências no conjunto de ações da consciência. Não castiga, nem recompensa, não cria nem designa nada. Outras acepções: lei de ação e reação, lei do retorno; teoria do revertério comportamental; carma.

Macro-PK destrutiva – Psicocinesia ou PK (*psychokinesis*) nociva, capaz de acarretar prejuízos à conscin, podendo estes, inclusive, serem fatais ao soma.

Materpensene (*mater + pen + sen + ene*) – Ideia-mãe ou a matriz de todo desenvolvimento de tese, teoria ou ensaio, o *leitmotiv,* o pilar mestre ou o pensene predominante em determinado holopensene.

Maximoréxis (*maxi + mor + exis*) – Condição da moratória existencial, a maior, ou quando vem para a consciência intrafísica (conscin) completista, na qualidade de acréscimo ou adendo (base superavitária), quanto ao compléxis da própria programação existencial (proéxis), significando a realização de mandato extra, sadio ou suplementar, além do mandato existencial já concluído.

Megaparafenomenologia – Ciência aplicada ao estudo dos megaparafenômenos ou fenômenos parapsíquicos magnos, de maior repercussão intraconsciencial e interassistencial, a exemplo da cosmoconsciência.

Megatrafar (*mega + tra + far*) – O traf*a*r máximo da consciência.

Megatrafor (*mega + tra + for*) – O traf*o*r máximo da consciência.

Melex (*mel* + *ex*) – Condição da melancolia extrafísica, pós-somática ou *post-mortem;* paramelancolia.

Melin (*mel* + *in*) – Condição da melancolia intrafísica ou *pré-mortem.*

Mentalsoma (*mental* + *soma*) – Corpo mental; o paracorpo do discernimento da consciência. Plural: *mentaissomas.*

Mentalsomatologia – Especialidade da Conscienciologia aplicada ao estudo do mentalsoma, o paracorpo do discernimento, veículo de manifestação consciencial mais avançado conhecido na atualidade, e as respectivas consequências evolutivas para a consciência.

Microuniverso intraconsciencial – A consciência considerada de per si, integralizada, englobando todos os atributos, pensenes e manifestações pessoais no desenvolvimento da autoevolução. O microcosmo da consciência em relação ao macrocosmo do Universo.

Mimo energético – O oposto de bagulho energético, objeto energizado positivamente.

Moréxis – Condição da moratória existencial, alargamento do período de vida intrafísica para o cumprimento de tarefa ou tarefas críticas da proéxis ou para expansão do próprio completismo existencial, quando a maior (maximoréxis).

Neoverpon – Nova verdade relativa de ponta, neopensene, neoconstructo ou neoideia à espera de ser descoberta ou revelada por meio da persistência inabalável do desempenho do pesquisador autoconsciente ou pesquisadora lúcida.

Nucochacra (*nuco* + *chacra*) – O chacra localizado na região da nuca.

Ortopensata – É o pensamento *reto*, correto, normal, justo, levantado e direto.

Ortopensene (*orto* + *pen* + *sen* + *ene*) – Pensene *reto* ou cosmoético, próprio da holomaturidade consciencial; a *unidade de medida* da Cosmoética Prática, segundo a Consciencriometria

Ortopensenidade – Qualidade, o ato ou o efeito da manutenção da autopensenidade caracterizada pelo predomínio constante dos ortopensenes, os pensenes retos ou cosmoéticos, compondo a condição própria da holomaturidade da consciência, conscin ou consciex, e a *unidade da Cosmoeticologia Prática.*

Palmochacra (*nuco* + *chacra*) – Chacra localizado na palma das mãos.

Para – Prefixo com os seguintes significados: *além de, extrafísico, ao lado de.*

Paracérebro – Cérebro extrafísico do psicossoma tanto da consciência que esteja dessomada (consciex), ressomada (conscin), ou projetada (projetor ou projetora) temporariamente através do psicossoma, com ou sem lucidez extrafísica.

Paracorpo emocional – V. psicossoma.

Paractenologia – Paraciência, ou especialidade da Conscienciologia, aplicada aos estudos específicos, sistemáticos, teáticos ou pesquisas das paratécnicas e paratecnologias tendo em vista a Interassistenciologia.

Paradignidade – Dignidade das consciexes.

Parafatologia – Ciência aplicada aos estudos específicos, sistemáticos, técnicos ou pesquisas dos parafatos, parafenômenos, eventexes, paraconjunturas, pararrealidades ou adventos extrafísicos relativos à consciência, conscin ou consciex.

Parafisiologia – Fisiologia dos veículos de manifestação da consciência, excluído o corpo humano ou soma. Especialidade da Conscienciologia.

Parafisiopatologia – Funcionamento patológico da fisiologia dos veículos de manifestação da consciência, excluído o corpo humano ou soma. Especialidade da Conscienciologia

Paragenética – Genética adstrita às heranças da consciência, através do psicossoma, da vida anterior ao embrião humano. Especialidade da Conscienciologia.

Parapatologia – Patologia dos veículos de manifestação da consciência, excluído o corpo humano ou soma. Especialidade da Conscienciologia.

Parapercepciologia – Ciência aplicada aos estudos, conhecimentos específicos, sistemáticos, técnicos, teáticos ou pesquisas da paraperceptibilidade das consciências.

Paraprofilaxia – Paraprofilaxiologia. Especialidade aplicada ao estudo da profilaxia transcendente aos limites da Intrafisicologia, a fim de prevenir a consciência contra desacertos e inconveniências em todas as dimensões onde se manifesta.

Parassemiologia – Especialidade conscienciológica aplicada ao estudo, investigação e identificação, além da intrafisicalidade, da parassintomatologia e dos parassinais dos distúrbios e parapatologias da consciência considerada inteira, holossomática, integral, através do parapsiquismo e da Parapercepciologia.

Patopensene (*pato* + *pen* + *sen* + *ene*) – O pensene patológico ou da amência consciencial; o *pecadilho mental;* a vontade patológica; a intenção doentia; a *ruminação cerebral.*

Pensene (*pen* + *sen* + *ene*) – Unidade de manifestação prática da consciência, segundo a Conscienciologia, considerando o pensamento ou ideia (concepção), o sentimento ou a emoção, e a EC (energia consciencial) em conjunto, de modo indissociável.

Plantochacra (*planto* + *chacra*) – Criptochacra ou pré-kundalini. Chacra localizado na planta dos pés.

Policarma (*poli* + *carma*) – Princípio de causa e efeito, atuante na evolução da consciência, quando centrado no senso e vivência da maxifraternidade cósmica, além do egocarma e do grupocarma.

Porão consciencial – Fase de manifestação infantil e adolescente da conscin, até chegar ao período da adultidade, caracterizada pelo predomínio dos traf*a*res mais primitivos da consciência multiveicular, multiexistencial e multimilenar.

Pré-serenão – Conscin, ou consciex, ainda não vivenciando o serenismo lúcido.

Princípio da Descrença (PD) – proposição fundamental e insubstituível da abordagem da Conscienciologia às realidades, em geral, do Cosmos, em qualquer dimensão, recusando a consciência pesquisadora e refutadora todo e qualquer conceito de modo apriorista, dogmático, sem demonstração prática ou reflexão demorada, confronto da causação, lógica e a plenitude da racionalização pessoal.

Proéxis (*pro + exis*) – Programação existencial específica de cada conscin na existência intrafísica.

Programação existencial – V. Proéxis.

Projeção consciente – Experiência fora do corpo da conscin com autolucidez.

Psicossoma (Grego: *psyckhé,* alma; *soma,* corpo) – Paracorpo emocional da consciência; o *corpo objetivo* da conscin.

Psicossomatologia – Especialidade da Conscienciologia aplicada ao estudo das emoções da consciência, a partir do psicossoma, o paracorpo emocional e dos desejos.

Recéxis (*reci + ex*) – Técnica de reciclagem existencial executada pela conscin.

Reciclogenia – Condição existencial promovida e mantida pela conscin lúcida, objetivando a reciclagem intra e extraconsciencial, por meio de alguma categoria de virada evolutiva, cosmoética e prioritária, no âmbito do autodiscernimento máximo no momento evolutivo.

Recin (*reci + in*) – Reciclagem intraconsciencial ou a renovação cerebral da consciência humana (conscin) através da criação de neossinapses ou conexões interneuroniais (neuróglias) capazes de permitir o ajuste da programação existencial (proéxis), a execução da reciclagem existencial (recéxis), a inversão existencial (invéxis), a aquisição de neoideias, neopensenes, hiperpensenes e outras conquistas neofílicas da pessoa lúcida motivada.

Retrocognição – Faculdade perceptiva pela qual a conscin fica conhecendo fatos, cenas, formas, objetos, sucessos e vivências pertencentes ao tempo passado distante, comumente relacionados com a holomemória.

Retropensene (*retro + pen + sen + ene*) – O pensene específico das autorretrocognições; o *engrama* da Mnemotécnica; a *unidade de medida* das retrocognições, segundo a Conscienciometria.

Ser desperto (*des + per + to*) – Ser intrafísico, ou ser humano desassediado, permanente, total, homem ou mulher, plenamente autoconsciente da própria qualidade de desperticidade, dentro das tarefas da megafraternidade às consciências, capaz de servir de isca intra e extrafísica, assistencial, lúcida, na condição de epicon, mantendo oficina extrafísica (ofiex), através da prática diária da tenepes ou da tarefa energética pessoal de solidariedade.

Serenão – Nome popular do *Homo sapiens serenissimus.*

Seriéxis (*seri + exis*) – Seriação existencial evolutiva da consciência; existências sucessivas; renascimentos intrafísicos em série.

Sexochacra (*sexo + chacra*) – Chacra radical ou sexual da consciência humana. Expressão antiga relativa à EC deste chacra: *kundalini (o fogo serpentino).*

Sexopensene (*sexo + pen + sen + e*) – A fantasia sexual; a *unidade de medida* do adultério mental, segundo a Conscienciometria.

Sociex (*soci + ex*) – Sociedade Extrafísica ou das consciexes. Plural: Sociexes.

Socin (*soci + in*) – Sociedade Intrafísica ou das conscins; Sociedade Humana. Plural: Socins.

Soma – Corpo humano; o corpo do indivíduo do reino *Animal,* filo *Cordata,* classe *Mamíferos,* ordem *Primatas,* família *Hominídea,* gênero *Homo,* espécie *Homo sapiens,* o mais elevado nível de animal deste Planeta; apesar do exposto, o veículo mais rústico do holossoma da consciência humana.

Subcérebro abdominal – O umbilicochacra (centro de energia consciencial acima do umbigo), quando escolhido inconscientemente pela conscin, ainda de evolução medíocre, para sede das manifestações pessoais. O cérebro abdominal, *pseudo*cérebro abdominal, ou *sub*cérebro abdominal é a *eminência parda* do cérebro natural, encefálico (coronochacra e frontochacra); embaraço indefensável na autoevolução consciente.

Tacon (*ta + con*) – Tarefa da consolação, assistencial, pessoal ou grupal, primária.

Tares (*tar + es*) – Tarefa do esclarecimento, assistencial, pessoal ou grupal, avançada. Plural: tarefas do esclarecimento.

Teática (*te* + ática) – Vivência conjunta da teoria e da prática por parte da conscin ou da consciex.

Técnica do turno mentalsomático – Turno intelectual; turno ideativo. Técnica da reação em cadeia dos autopensenes mentaissomáticos criativos, através da *linha de montagem* das neoideias, com a divisão ordenada do horário diuturno ou o momento quando ocorre a alternância e autorrevezamento do período fixado, dentro da sequência adequada de trabalho intelectual, conforme o tempo (Cronêmica) e o emprego máximo do cérebro (Cerebrologia, Paracerebrologia).

Tenepes (*t + ene + pes*) – Tarefa energética pessoal, diária, multidimensional, com assistência permanente de amparadores, a longo prazo ou para o restante da vida intrafísica. Expressão popular: *passes para o escuro.*

Tenepessista – Praticante da tenepes (tarefa energética pessoal).

Trafal (*tra + fal*) – Traço-faltante da personalidade da conscin; ausência de determinado traço-força.

Traf*ar* (*tra + far*) – Traço-f*a*rdo da personalidade da conscin; componente negativo da estrutura do microuniverso consciencial, o qual a consciência ainda não consegue alijar de si ou desvencilhar-se até o momento.

Traf*or* (*tra + for*) – Traço-f*o*rça da personalidade da conscin; componente positivo da estrutura do microuniverso consciencial, o qual impulsiona a evolução da consciência.

Transafetividade – Estado comum das consciexes das comunexes evoluídas.

Umbilicochacra (*umbilico + chacra*) – Chacra umbilical, localizado acima do umbigo ou relativo à fisiologia e parafisiologia (abdominais) da consciência humana.

Verpon – (*ve + r + pon*) *Ve*rdade *r*elativa de *pon*ta, é a conformidade entre o neopensene, a expressão do neopensene (forma) e o objeto do neopensene (conteúdo), ou a realidade (fato) ou pararrealidade (parafato) nova, existindo iniludivelmente para a própria conscin (autoconvicção), segundo o *Princípio da Descrença,* obtida por intermédio das pesquisas da Conscienciologia.

Voliciolina – Energia consciencial, haurida pela consciência, a partir da energia imanente, apresentada como hipótese de tentativa para explicar racionalmente a realidade e a atuação das ECs da conscin, como sendo o combustível, motor ou agente fundamental de atuação da vontade sobre as forças, fluxos e refluxos do Cosmos.

Xenopensene (*xeno + pen + sen + ene*) – O pensene intrusivo do assediador nas ocorrências de intrusão pensênica ou assedialidade; a *cunha mental;* a *unidade de medida* do assédio interconsciencial, segundo a Conscienciometria.

Índice Remissivo

D

E

F

G

H

S

T

U

V

X

Z

Instituições Conscienciocêntricas (ICs)

ICs. As Instituições Conscienciocêntricas (ICs) são organizações cujos objetivos, metodologias de trabalho e modelos organizacionais estão fundamentados no *Paradigma Consciencial.* A atividade principal das ICs é apoiar a evolução das consciências através da *tarefa do esclarecimento* pautada pelas *verdades relativas de ponta,* encontradas nas pesquisas no campo da Ciência Conscienciologia e especialidades.

Voluntariado. Todas as Instituições Conscienciocêntricas são associações independentes, de caráter privado, sem fins de lucro e mantidas predominantemente pelo trabalho voluntário de professores, pesquisadores, administradores e profissionais de diversas áreas.

CCCI. O conjunto das Instituições Conscienciocêntricas e dos voluntários da Conscienciologia no planeta compõe a *Comunidade Conscienciológica Cosmoética Internacional* (CCCI) formada atualmente por 22 ICs, incluindo a *Associação Internacional Editares.*

AIEC – Associação Internacional para Expansão da Conscienciologia

Fundação: 22/04/2005

Sede: Av. Felipe Wandscheer, 6.200, sala 111, Cognópolis, Foz do Iguaçu Paraná, Brasil, CEP: 85856-530

Tel.: +55 (45) 2102-1411

Site: www.worldaiec.org

Contato: aiec.comunicacao@gmail.com

Campus Discernimentum: Av. Felipe Wandscheer, 6.200, sala 201 Cognópolis, Foz do Iguaçu, Paraná, Brasil, CEP: 85856-530

Tel.: +55 (45) 2102-1400

Contato: contato@discernimentum.org

APEX – Associação Internacional da Programação Existencial

Fundação: 20/02/2007

Sede: Rua da Cosmoética, 1.635, Cognópolis, Caixa Postal 921, Centro Foz do Iguaçu, Paraná, Brasil, CEP: 85851-000

Tel.: +55 (45) 3525-2652 – Fax: +55 (45) 3525-5511

Site: www.apexinternacional.org

Contato: contato@apexinternacional.org

ARACÊ – Associação Internacional para Evolução da Consciência

Fundação: 14/04/2001

***Campus* ARACÊ:** Rota do Conhecimento, Km 7, acesso pela BR-262 Km 87
Distrito de Aracê Domingos Martins, Espírito Santo, Brasil

Endereço para correspondência: Caixa Postal 110, Pedra Azul
Domingos Martins, Espírito Santo, Brasil, CEP: 29278-000

Tel.: +55 (27) 9739-2400

Site: www.arace.org

Contato: associacao@arace.org

ASSINVÉXIS – Associação Internacional de Inversão Existencial

Fundação: 22/07/2004

***Campus* de Invexologia:** Av. Maria Bubiak, 1.100, Cognópolis
Foz do Iguaçu, Paraná, Brasil, CEP: 85853-728

Tel.: +55 (45) 3525-0913

Site: www.assinvexis.org

Contato: contato@assinvexis.org

ASSIPEC – Associação Internacional de Pesquisas da Conscienciologia

Fundação: IC apresentada oficialmente na Tertúlia Conscienciológica do dia 14/08/2011

Sede: Rua XV de Novembro, 1.681, Vila Municipal
Jundiaí, São Paulo, Brasil, CEP: 13201-006

Tel.: +55 (11) 4521-8541

Site: www.assipec.org

Contato: assipec@assipec.org

ASSIPI – Associação Internacional de Parapsiquismo Interassistencial

Fundação: 29/12/2011

Sede: Av. Felipe Wandscheer, 6.200, sala 212, Cognópolis
Foz do Iguaçu, Paraná, Brasil, CEP: 85856-530

Tel.: +55 (45) 2102-1421 – VOIP: +55 (45) 4053-9818

Site: www.assipi.org

Contato: assipi@assipi.com

CEAEC – Associação Internacional do Centro de Altos Estudos da Conscienciologia

Fundação: 15/07/1995

Sede: Rua da Cosmoética, 1.635, Cognópolis, Caixa Postal 921, Centro
Foz do Iguaçu, Paraná, Brasil, CEP: 85851-000

Tel.: +55 (45) 3525-2652 – Fax:+55 (45) 3525-5511

Site: www.ceaec.org

Contato: ceaec@ceaec.org

COMUNICONS – ASSOCIAÇÃO INTERNACIONAL DE COMUNICAÇÃO CONSCIENCIOLÓGICA

Fundação: 24/07/2005
Sede: Av. Felipe Wandscheer, 6.200, sala 206, Cognópolis
Foz do Iguaçu, Paraná, Brasil, CEP: 85856-530
Tel.: +55 (45) 2102-1409
Site: www.comunicons.org.br
Contato: comunicons@comunicons.org

CONSCIUS – ASSOCIAÇÃO INTERNACIONAL DE CONSCIENCIOMETRIA INTERASSISTENCIAL

Fundação: 24/02/2006
Sede: Av. Felipe Wandscheer, 6.200, casa 352, Cognópolis
Foz do Iguaçu, Paraná, Brasil, CEP: 85856-530
Tel.: +55 (45) 2102-1460
Site: www.conscius.org.br
Contato: conscius@conscius.org.br

CONSECUTIVUS – ASSOCIAÇÃO INTERNACIONAL DE PESQUISAS SERIEXOLÓGICAS E HOLOBIOGRÁFICAS

Fundação: 14/12/2014
Sede: Av. Felipe Wandscheer, 6.200, casa 351, Cognópolis
Foz do Iguaçu, Paraná, Brasil, CEP: 85856-530
Tel.: +55 (45) 9807-1320
Site: www.consecutivus.com.br
Contato: consecutivus@consecutivus.com.br

ECTOLAB – ASSOCIAÇÃO INTERNACIONAL DE PESQUISA LABORATORIAL EM ECTOPLASMIA E PARACIRURGIA

Fundação: 14/07/2013
Sede: Avenida Felipe Wandscheer, 6.200, sala 105, Cognópolis
Foz do Iguaçu, PR, Brasil, CEP: 85856-630
Telefone: +55 (45) 2102-1427
Site: www.ectolab.org
Contato: ectolab@ectolab.org

EDITARES – ASSOCIAÇÃO INTERNACIONAL EDITARES

Fundação: 23/10/2004
Sede: Av. Felipe Wandscheer, 6.200, sala 107, Cognópolis
Foz do Iguaçu, Paraná, Brasil, CEP: 85856-530
Tel.: +55 (45) 2102-1407 – VOIP: +55 (45) 4053-953
Site: www.editares.org.br
Contato: vendas@editares.org

ENCYCLOSSAPIENS – ASSOCIAÇÃO INTERNACIONAL DE ENCICLOPEDIOLOGIA CONSCIENCIOLÓGICA

Fundação: 21/12/2013
Sede: Rua da Cosmoética, 1.635, Cognópolis
Foz do Iguaçu, Paraná, Brasil, CEP: 85851-000
Caixa Postal 921
Tel.: +55 (45) 3525-2652 – Fax: +55 (45) 3525-5511
Site: www.encyclossapiens.org
Contato: contato@encyclossapiens.org

EVOLUCIN – ASSOCIAÇÃO INTERNACIONAL DE CONSCIENCIOLOGIA PARA INFÂNCIA

Fundação: 09/07/2006
Sede: Av. Felipe Wandscheer, 6.200, sala 102, Cognópolis
Foz do Iguaçu, Paraná, Brasil, CEP: 85856-530
Tel.: +55 (45) 9909-6129
Site: www.evolucin.org
Contato: evolucin@gmail.com

IIPC – INSTITUTO INTERNACIONAL DE PROJECIOLOGIA E CONSCIENCIOLOGIA

Fundação: 16/01/1988
Sede: Av. Felipe Wandscheer, 6.200, sala 103, Cognópolis
Foz do Iguaçu, Paraná, Brasil, CEP: 85856-530
Tel.: +55 (45) 2102-1448
Site: www.iipc.org.br
Contato: iipc@iipc.org.br

***Campus* de Pesquisas IIPC:** Estrada do Universalismo, 1.177
Sampaio Correa, Saquarema, Rio de Janeiro, Brasil
CEP: 28997-970
Tel.: +55 (22) 2654-1186
Contato: campussaquarema@iipc.org

INTERCAMPI – ASSOCIAÇÃO INTERNACIONAL DOS *CAMPI* DE PESQUISAS DA CONSCIENCIOLOGIA

Fundação: 23/07/2005
Sede: Av. Antonio Basílio, 3006, sala 602, Lagoa Nova
Natal, Rio Grande do Norte, CEP: 59056-005
Tel.: +55 (84) 3211-3126
Site: www.intercampi.org
Contato: intercampi@intercampi.org

JURISCONS – ASSOCIAÇÃO INTERNACIONAL DE PARADIREITOLOGIA

Fundação: 25/04/2015
***Campus* OIC:** Av. Felipe Wandscheer, 6.200, sala 350 A, Cognópolis
Foz do Iguaçu, Paraná, Brasil, CEP: 85856-530
Site: www.juriscons.org
Contato: juriscons@juriscons.org

OIC – ORGANIZAÇÃO INTERNACIONAL DE CONSCIENCIOTERAPIA

Fundação: 06/09/2003
***Campus* OIC:** Av. Felipe Wandscheer, 5.935, Cognópolis
Foz do Iguaçu, Paraná, Brasil, CEP: 85856-530
Tel.: +55 (45) 3025-1404 / 2102-1402
Site: www.oic.org.br
Contato: aco@oic.org.br

REAPRENDENTIA – ASSOCIAÇÃO INTERNACIONAL DE PARAPEDAGOGIA E REEDUCAÇÃO CONSCIENCIAL

Fundação: 21/10/2007
Sede: Rua da Cosmoética, 1.635, Cognópolis, Caixa Postal 921, Centro
Foz do Iguaçu, Paraná, Brasil, CEP: 85851-000
Tel.: +55 (45) 3525-2652 – Fax: +55 (45) 3525-5511
Site: www.reaprendentia.org
Contato: contato@reaprendentia.org.br

RECONSCIENTIA – ASSOCIAÇÃO INTERNACIONAL DE PESQUISOLOGIA PARA MEGACONSCIENTIZAÇÃO

Fundação: 02/07/2011
Sede: Felipe Wandscheer 6.200, Sala 104, Cognópolis
Foz do Iguaçu, Paraná, Brasil, CEP: 85856-530
Tel.: +55 (45) 9993-2000
Contato: pesquisologia@gmail.com

UNICIN – UNIÃO DAS INSTITUIÇÕES CONSCIENCIOCÊNTRICAS INTERNACIONAIS

Fundação: 22/01/2005
Sede: Av. Felipe Wandscheer, 6.200, sala 105, Cognópolis
Foz do Iguaçu, Paraná, Brasil, CEP: 85856-530
Tel.: +55 (45) 2102-1405
Site: www.unicin.org
Contato: unicin@unicin.org

UNIESCON – UNIÃO INTERNACIONAL DE ESCRITORES DA CONSCIENCIOLOGIA

Fundação: 23/11/2008
Sede: Rua da Cosmoética, 1.635, Cognópolis, Centro
Foz do Iguaçu, Paraná, Brasil, CEP: 85851-000
Tel.: +55 (45) 3525-2652 – Fax:+55 (45) 3525-5511
Site: www.uniescon.org
Contato: uniescon.ccci@gmail.com

Títulos Publicados pela Editares

AUTOR	*TÍTULO*
Alessandra Nascimento / Felix Wong (Orgs.)	CONSCIENCIOLOGIA É NOTÍCIA: PROJECIOLOGIA
Alexandre Nonato	JK E OS BASTIDORES DA CONSTRUÇÃO DE BRASÍLIA
Alexandre Nonato *et. al.*	INVERSÃO EXISTENCIAL
Alzemiro Rufino de Matos	VIDA: OPORTUNIDADE DE APRENDER
Ana Seno	COMUNICAÇÃO EVOLUTIVA
Antonio Pitaguari / Marina Thomaz	REDAÇÃO E ESTILÍSTICA CONSCIENCIOLÓGICA
	TENEPES: ASSISTÊNCIA INTERDIMENSIONAL LÚCIDA
Arlindo Alcadipani	ITINERÁRIO EVOLUTIVO DE UM RECICLANTE
Bárbara Ceotto	DIÁRIO DE AUTOCURA
Cesar Machado	PROATIVIDADE EVOLUTIVA
Cirleine Couto	CONTRAPONTOS DO PARAPSIQUISMO
	INTELIGÊNCIA EVOLUTIVA COTIDIANA
Dalva Morem	SEMPRE É TEMPO
Dayane Rossa	OPORTUNIDADE DE VIVER
Dulce Daou	AUTOCONSCIÊNCIA E MULTIDIMENSIONALIDADE
	VONTADE: CONSCIÊNCIA INTEIRA
Fernando R. Sivelli / Marineide C. Gregório	AUTOEXPERIMENTOGRAFIA PROJECIOLÓGICA
Flávio Buononato	ANUÁRIO DA CONSCIENCIOLOGIA 2012
	ANUÁRIO DA CONSCIENCIOLOGIA 2013
	FATOS E PARAFATOS DA COGNÓPOLIS FOZ DO IGUAÇU
Graça Razera	HIPERATIVIDADE EFICAZ
Jayme Pereira	BÁRBARAH VAI À ESTRELA
	PRINCÍPIOS DO ESTADO MUNDIAL COSMOÉTICO

João Paulo Costa / Dayane Rossa	MANUAL DA CONSCIN-COBAIA
Julieta Mendonça	MANUAL DO TEXTO DISSERTATIVO
Julio Almeida	QUALIFICAÇÕES DA CONSCIÊNCIA
	QUALIFICAÇÃO AUTORAL
Kátia Arakaki	ANTIBAGULHISMO ENERGÉTICO – MANUAL
	VIAGENS INTERNACIONAIS
Laura Sánchez	LASTANOSA: MEMÓRIA E HISTÓRIA DO INTELECTUAL E HOLOTECÁRIO DO SÉCULO XVII
Lilian Zolet	PARAPSIQUISMO NA INFÂNCIA
Lilian Zolet / Flávio Buononato	MANUAL DO *ACOPLAMENTARIUM*
Lilian Zolet / Guilherme Kunz	*ACOPLAMENTARIUM:* PRIMEIRA DÉCADA
Lourdes Pinheiro / Felipe Araújo	DICIONÁRIO DE VERBOS CONJUGADOS DA LÍNGUA PORTUGUESA
Luciano Vicenzi	CORAGEM PARA EVOLUIR
Lucy Lutfi	VOLTEI PARA CONTAR
Mabel Teles	PROFILAXIA DAS MANIPULAÇÕES CONSCIENCIAIS
	ZÉFIRO
Málu Balona	AUTOCURA ATRAVÉS DA RECONCILIAÇÃO
	SÍNDROME DO ESTRANGEIRO
Marcelo da Luz	ONDE A RELIGIÃO TERMINA?
Maria Thereza Lacerda	A PEDRA DO CAMINHO
Maximiliano Haymann	PRESCRIÇÕES PARA O AUTODESASSÉDIO
	SÍNDROME DO OSTRACISMO
Miguel Cirera	*EVOLUCIÓN DE LA INTELIGENCIA PARAPSÍQUICA*
Moacir Gonçalves / Rosemary Salles	DINÂMICAS PARAPSÍQUICAS
Phelipe Mansur	EMPREENDEDORISMO EVOLUTIVO
Reinalda Fritzen	CAMINHOS DE AUTOSSUPERAÇÃO
Roberto Leimig	VIDAS DE NATURALISTA
Rodrigo Medeiros	CLARIVIDÊNCIA
Rosa Nader (org.)	MANUAL DE VERBETOGRAFIA

Roseli Oliveira	DICIONÁRIO DE EUFEMISMOS DA LÍNGUA PORTUGUESA
Rosemary Salles	CONSCIÊNCIA EM REVOLUÇÃO
	CONCIENCIA EN REVOLUCIÓN
Sandra Tornieri	MAPEAMENTO DA SINALÉTICA ENERGÉTICA PARAPSÍQUICA
Silda Dries	TEORIA E PRÁTICA DA EXPERIÊNCIA FORA DO CORPO
Tatiana Lopes	DESENVOLVIMENTO DA PROJETABILIDADE LÚCIDA
Tony Musskopf	AUTENTICIDADE CONSCIENCIAL
Valdirene Royer *et. al.*	ACOPLAMENTO ENERGÉTICO
Vera Hoffmann	SEM MEDO DA MORTE
Wagner Alegretti	RETROCOGNIÇÕES
Waldo Vieira	700 EXPERIMENTOS DA CONSCIENCIOLOGIA
	CRISTO ESPERA POR TI (Edição Comentada por Osmar Ramos Filho)
	DICIONÁRIO DE ARGUMENTOS DA CONSCIENCIOLOGIA
	DICIONÁRIO DE NEOLOGISMOS DA CONSCIENCIOLOGIA
	ENCICLOPÉDIA DA CONSCIENCIOLOGIA
	HOMO SAPIENS PACIFICUS
	HOMO SAPIENS REURBANISATUS
	LÉXICO DE ORTOPENSATAS
	MANUAL DA DUPLA EVOLUTIVA
	MANUAL DA PROÉXIS
	MANUAL DA TENEPES
	MANUAL DOS MEGAPENSENES TRIVOCABULARES
	NOSSA EVOLUÇÃO
	O QUE É A CONSCIENCIOLOGIA
	PROJECIOLOGIA
	PROJEÇÕES DA CONSCIÊNCIA

1. Área de pesquisa:

Este livro pesquisa temas da *AUTODESASSEDIOLOGIA*, especialidade da Conscienciologia.

2. Princípio da Descrença:

Não Acredite em nada, nem mesmo nas informações expostas neste livro, o inteligente é fazer pesquisas pessoais sobre o tema.

EDITARES

www.ingramcontent.com/pod-product-compliance
Ingram Content Group UK Ltd.
Pitfield, Milton Keynes, MK11 3LW, UK
UKHW040325300826
14791UKWH00003B/1117

9 788584 770427